学校現場に生かす精神分析

学ぶことと教えることの情緒的体験

I・ザルツバーガー-ウィッテンバーグ／G・ウィリアムズ／E・オズボーン 著
平井正三／鈴木誠／鵜飼奈津子 監訳

THE EMOTIONAL EXPERIENCE OF LEARNING AND TEACHING

岩崎学術出版社

序

学ぶことと教えることのプロセスに含まれている情緒的要因。この本の目的は、この要因について意識を高めることです。生徒と教師とのあいだに働く相互作用の特性について、理解が深まれば深まるほど、両者の関係は実り多いものになります。

この世界と自分自身について、私たちは生まれた瞬間から学びはじめ、生涯を通して学び続けていきます。乳児期から長期間にわたって、私たちは他者に依存する関係のなかで学んでいきます。そしてこのような依存関係の性質しだいで、あたらしいものごとに好奇心を持ち続け、新しい経験に開かれていることはいいことだという気持ちを持ち続けることのできる力、そしてさまざまなもののつながりを認識し、それらの意味を見出すことのできる力が大きく左右されるのです。したがって学ぶことにおいて情緒と認知という観点は密接につながっており、相互依存的なのです。

この本のねらいは、個人の発達を系統的に描写することでも、社会学的な研究でもありません。むしろ生徒と教師が出会うふつうの状況を出発点として、この体験がそれに関わる一人ひとりにどんな意味があるのかを検証していきます。学ぶこと、生徒の教師への関わり方、教師の生徒への関わり方。これらの心理的、個人的な要因に光を当てていくためです。教育機関では仕事が多すぎて、相互関係の意味を考える時間も場もほとんどありません。幼稚園、小学校、中学校、高校の別を問わず、教師たちが関わっている現象を観察し、その意味を理解するための糧となるような本が望まれているのです。

幼稚園や小学校で目が向けられているのは、ふつう子どもたち全般にどのような情緒的ニーズがあるかということと、それぞれの子どもに必要とされることは何かということです。親よりも自分たちの方が子どもをよく分かっていて、もっとよく育てられると考えて、両親に〝取って代わろう〟とする教師もいないわけではありません。教師が自分のことを、家庭と学校との橋渡し役として見なしているのは重要なことです。実際に教師は、ひとつのデリケートな移行を促進しているのです。子どもが家族とだけ関わる段階から、先生や同年齢の集団とかかわる段階へと、関係を広げていくのを手助けしているのです。子どもが集団のなかで学んでいき、学校の一員になるときに、こうしたことが子どもが教師との関係を作る基礎となっているのです。

一部の子どもたちは、学力を重視する中学校や高等学校に進学していきます。よい授業が行われていて生徒の知的レベルも高いのに、成績が伸びない生徒がいるという現実に一部の教師は困惑しています。子どもの頭がよいと、情緒的な問題で悩んでいても見逃されやすくなります。親や教師の期待に添わなくてはと、子どもはかなりのプレッシャーをかけられているかもしれません。期待に応えられず大人を失望させる恐れは、子どもを励ますどころか、むしろ達成の邪魔になりかねません。また情緒的な意味では、失敗は自分が縛られていることへの恨みを表しているのかもしれません。

中学校教師の多くは、大規模な公立校で子どもの多いクラスと格闘しなければなりません。難しい生徒を担当し困難な状況という重荷を負って、教師たちはくたくたに疲れています。この重荷から逃れるために彼らは、手っ取り早い強制的な管理方法を目指します。しかしその方法は、短期的に効果があるときもあるかもしれませんが、教師自身の成長にも、生徒の成長にも有害です。葛藤のプレッシャーやストレスのため、多くの教師は、生徒の苦しみから目をそむけてしまいます。そうでない教師は、自分の生徒の創造力の芽が萎えてしまうと心配し、絶望的になっています。その結果、そういう教師のなかには、自分の仕事に失望してしまう人もいます。自尊心を失ったり、教えるのを諦めてしまう人もいます。けれども、このような教師の多くは、子どもたちが創造力のある大人へと成長していけるように、教育や環境を提供していくという高い理想をもって職業についたかもしれないのです。

高等教育に携わっている教師は、学生たちの個人的な問題の深刻さに困惑させられたり、ぞっとさせられたりしています。教師たちは、問題の性質を十分には理解していないので、のめり込みすぎたり、批判するだけだったり、問題に直面することを避けたりしがちです。社会人学生を教えている教師たちにとって驚きなのは、学ぶことや師弟関係を通じて、学生が子どもや思春期のような態度をとるようになってしまうことです。

どの年齢層が対象であっても、このように教師は生徒たちに困惑し、気を揉んだり、心配したりしています。この本は、簡単な答えを提供するものではありません。しかし詳しく観察したり、言語的・非言語的コミュニケーションを意識することで私たちは問題の本質について知識を得られます。そうすれば、もっと建設的なアプローチにたどり着けることを明らかにしようとしています。この本は、タビストック・クリニックの〝カウンセリングから見た教育〟と題された講座に出席した教師たちと著者たちとの共同研究をもとに書かれたものです。タビストックのスタッフはある程度の教職経験をもってはいますが、私たちの専門性はカウンセリングルームでの情緒的な体験や、家庭や学校でじかに乳幼児を観察したことから引き出されてきたものです。私たちが得た洞察を伝えたいのは、次のような確信を持つようになったからです。すなわち、（a）そのような洞察は教育分野において特に重要である、（b）教師は子どもの人生にとても大切な役割を果たしており、子どもの情緒的、精神的な成長を促進もするし、妨げもするような枠組みを提供している、という確信です。教師は、生徒の発達に寄与する自分の役割を過大評価したり、過小評価したりしがちです。自分の役割を過大評価する人たちは、親の重要性を否定しています。過小評価する人たちは、あらゆる情緒的困難や問題行動を遺伝や嘆かわしい家庭環境のせいにしています。それも、ある程度は事実です。しかし後者の見方は、子どもたちの将来にとって、より健全な基盤を提供する関係を形成するために、学校や教師が子どもたちにセカンド・チャンスを与えているんだということを低く見積もっています。

教育学者の中には、情緒的な問題はカウンセラーや医師のような専門家の領域だと思っている人もいます。専門家の援助は、教師の専門性を超えた難しい問題をもつ子どもたちに役立ちます。しかし難しくても子どもたちの世話は、教育機関が続けざるをえません。また学校外に心理的援助を求めることを、決して受け入れない親もたくさんいます。

生徒一人ひとりのケアは専門外であると考えている教育機関は、システム自体や教師と生徒のどんな関係が、成長の促進となるのか、障害になるのか、犠牲者さえ出すのかを考える責任を無視しています。幸いなことに、ほとんどの教師は、ただ生徒の学力だけに関わっているのではなく、生徒の人間全体に関わっているのだと自覚しています。同様にたくさんの学校や大学も、広い視野から教育の機能をとらえています。彼らは、知識や社会的スキルを伝える場合にさえ、生徒と教師の関係、個人とその仲間の関係、そして生徒と学校全体の関係の性質が大いに影響していると認識しているのです。

この本は全体として、順を追って読んでいくように構成されています。第一部、第二部、第五部は、私がたくさんの教師が参加する大きなグループを教えた体験から書いています。続いて私は、複雑な現象の性質について考えるときに役立つ概念を描き、おなじように自分自身を見つめて得られた理解が、どうやって学び教える状況に適用できるかを示していきます。理論的な枠組みは精神分析です。第三部はジアナ・ウィリアムズの担当で、教師たちが提示した事例検討に基づいています。関係の性質を理解するうえで、生徒の行動とそれに対する教師の反応を検討することが、いかに重要かを示すものです。それが分かると教師は、発達促進的に行動できるようになります。第四部はエルシー・オズボーンの担当で、生徒の親や同僚との協働関係に洞察を応用するものです。

学ぶこと／教えることの関係をめぐる問題について、ともに学んできた教師たちから私たちは、多大な恵みを受けたことは言うまでもありません。守秘のために、生徒や教育機関の名前は伏せてあります。名前が書かれている場合は仮名です。お名前は出せませんが、この本にあげた事例、また私たちの講座に参加することで、この本に貢献してくださったすべての先生方に深く感謝いたします。

イスカ・ザルツバーガー－ウィッテンバーグ
タビストック・クリニック、ロンドン

目次

第三部　教室にいる一人ひとりの子どもを理解すること

G・ウィリアムズ

第四部　家族や専門機関との連携

E・オズボーン

第一部　はじまり

Ｉ・ザルツバーガー‐ウィッテンバーグ

第一章　期待には希望と恐怖があふれている

新しい年、新しい仕事、新しい赤ちゃん。新しい関係のはじまり、本のはじまり、講座のはじまり——熱意と期待をもって、私たちは新しい出来事に向き合います。未知で、まっさらなので、それは、まだ満たされていないニーズが満たされるという見通し、まだ実現されたことのない願望の実現、私たちが決してあきらめずに追い求めている理想を支えるのです。もちろん過去の幻滅体験が私たちの希望を抱く力を損なっていて、そういう失望の再体験を恐れるようになっていなければ、ですが。それでもやはり私たちは期待の一方で、未来への恐れも抱いています。〝Aller Anfang ist schwer（何でも、はじめはむずかしい）〟は賢明なドイツの格言で、私たちが抱きがちな不安や疑念を指摘しています。新しい仕事は失敗するかもしれません。講座は役に立たないかもしれず、新しい年には病気で死ぬかもしれず、旅行は事故で終わるかもしれないし、新しい赤ちゃんは怪物かもしれません。そしてそれほど極端でなくても、私たちは以前に出会い、もうこんな目にあいたくないと思ったフラストレーションや困難にまた出会ってしまわないでしょうか。先の様子が分からなくて、未知への興奮と大きな不安とのあいだにおかれるというのが、はじまりの常なのです。

この本を書きはじめる時、私は期待をいくらか抱いていました。しかし私はもっぱら、目の前にある仕事の重さに圧倒されていました。真っ白なページは、私の頭の中ががらっぽで、ごちゃごちゃであると突きつけているようでした。この不確かさや混乱を脱して、何か考えが生まれ、それらを秩序だった意味のあるフレーズで表現できるようになるでしょうか。私は時間をかける価値がある何かを作り出せるでしょうか。しかしこの絶望をよくよく吟味してみると、私はこの種の疑念や苦悩が始まりには付き物で、創造的な仕事のエッセンスであると気づきました。やがて安心できる考えが浮かんできました。「私にはこの章を書き始める体験的な基礎がある」と。私は最近タビストックで、小学校、中学校、高校の教師のグループと〝カウンセリングから見た教育〟という講座を始めていたのです。

今月私は、新学期のはじめに五十人の見知らぬ人びとのグループと対面しました。多くの人たちは後ろの方に固まって座り、前列にはほとんどいませんでした。何人かは遅刻して大きな荷物で音を立てながら進んで、定刻に来ていた人の非難の眼差しに出会いました。遅刻した人のなかには、端の方を用心深く歩いて音を立てないように注意していた人もいました。その一方で、おおげさに弁解する人もいました。私はこの講座の目的を話しながら、こういう出来事に気を配っていました。しかし聴衆の緊張がだんだんと強くなっていくのが、私は気になってきました。みな部屋のなかを見回しては私の方に向き直るのですが、話を理解しているようには見えませんでした。そこで講義を続けるのをあきらめ、その瞬間をとらえてみました。この講座の目的とは、生徒と教師がそれぞれの立場で感じていることに気づく力を高めることだということを思い出して、おそらくその目的のためには〝今ここで（here and now）〟、見知らぬ建物に入り、見知らぬ人びとのグループと出会って、講座を始めるという状況を考えながら、始めるのがもっとも効果的だと思いついたのです。私はあえてグループの人たちに、感じていることを言うように頼みました。ホッとしたことには、彼らのプライバシーに立ち入りたいのではなく、彼ら自身の体験を見つめ直すことが勉強に役立つと説明すると、その課題にチャレンジしたいという雰囲気が盛り上がりました。

「遅れて入るのが決まりが悪くて、先生が怒っておられるだろうと思いました」と、ひとりが言いました。

「もう自分の席がないと思って、それは最悪だと心配していました」と、もうひとりが言いました。

まもなく皆が思いを語り出しました。

「私は途方にくれていました」。

「私もです。受付に場所を聞いたのですが、二回も違うドアを開けました。大きくて、わけの分からない所ですね」。

「先生が入って来られて、指示してくださって、ホッとしました。リーダーのいない大きなグループというのは不安なものです」。

「何をすればいいのか分からないので、他の人がなにか言うのを待っているのです」。

「さらしものになっているような気がしました」。

「私は長年、教えてきました。それなのに、子どもについて、まちがった考えをもっていると気づいたら、こわいのです。この講座に参加したことで、私の信念が揺らぐかもしれないと思うと」。

「自分が無学で、バカだと感じています。なぜ、私なんかが選ばれたのか不思議です。この講座の参加者は、どういうふうに選んでおられるのですか？」

「見知らぬ人のなかでは、とても孤独を感じます。だれか知っている人がいないかと周りを見回していました」。

「私も孤独を感じて、誰か気のおけない人の近くに行きたくなりました。そういうことを考えて、椅子の間隔を狭くされたのですか？」

「レジュメを見たとき、ひとを監視するような秘密警察が隠れているのではないかと感じました」。

「ここにはどんな規則や制限があるのですか？」

「あのドアの向こうには、何があるのですか？」

「先生のおっしゃっていることが、私には全然わかりません。いまは期待感と興味があるだけです」。

「最初、ここに入ったとき、なんて寒くて暗いんだろうと思いました。いまは明るく感じられます」。

こういう発言が小さな子どもや十八歳の大学生によってではなく、新しい体験のはじまりにいることに気づいたベテランの教師たちによってなされたことに驚かれるかもしれません。このグループは自分たちが感じたことを吟味し、それを正直に述べたことを除いては、普通の人たちです。もちろん誰でも不安という感覚について知ってはいますが、私たちはそれをごまかして隠してしまい、無視したり蔑ろにしがちなのです。確かにこのグループの教師たちは、自分たちの体験が思った以上に深く強烈なのに驚いていました。私たちは、不安が最初はとてつもなく大きいこと、しかしそれを言葉で表現して分かり合えると、状況がそれほど悪くないというポジティブな感覚が生まれることを実感しました。なぜなら恐怖を自覚すると、私たちはそれを現実と照らし合わせて、パーソナリティのもっと成熟した部分で対処できるようになるからなのです。経験に圧倒されたり、否認するのではなく、私たちはその感覚を私たちの中にあって当然な部分だと認識し、大人の感覚でその状況を取り扱えるようになるのです。

教師たちに〝今、ここで〟の体験を吟味してもらった目的は、治療的なものでも、学校で使えるモデルを提供することでもありません。ただそういう感覚について、体験から学ぶ機会を提供しただけなのです。そういう不安感は赤ちゃんや幼児のものだと思いがちですが、実はある程度は生涯を通じて存在し続けています。自分の中のそういう感覚を知っておくと、感覚が鋭くなって、他人のことも理解しやすくなります。こうして、教師たちは、教えているのが小学校であれ、中学校であれ、高校であれ、大学や成人の教育センターであれ、自分たちが教えている生徒や学生たちが学校の初日にどんな気持ちがしているのか、新たに共感的に気づくことができ、彼らに同一化したり共感したりできるようになりました。教師たちは、未知の体験の始まりに立っている子どもと接するときに、今までこういうことを、いかに考慮にいれていなかったかということを自問し始めました。彼らは、新しい未知の状況では、あらゆる種類の恐怖感が心の底から浮かび上がってくることに気づいたのでした。

また心が何かにとらわれていると、話に集中できないことを私たちは理論的には知っています。にもかかわらず、新しい講座に参加し、新しいグループに入り、見知らぬ組織に入って、わき上がってくる不安に対処する方法を見つけなくてはならないという情緒が圧倒するような体験をすると、私の短い話が半分も伝わっていないということに気づいて、私はショックでした。聞いたことの大部分が誤解されていましたし、正確に理解されたもののうち結果的に記憶に残っていたものはごくわずかだったのです。このことから子どもたちが大きな教室に入ったとき、最初は当惑し、授業どころではないだろうということに気づきました。とすると学年のはじまりの集会、大学の新入生を集合させることには、あまり意味がないのではないでしょうか。そういう集会に役に立つことがあったとしても、団結するとか、教授陣の権威を高めるとか、せいぜいかなり基本的な情報を伝えるくらいで、よくても時間の無駄でしょう。悪くすると、混乱と不安を高めてしまいます。不安が高くなると、私たちはそれを言葉や行動で表現して、安心感を得るために、はけ口を見つけなくてはなりません。さもなければ自分の殻に引きこもったり、その圧倒的な体験から逃れるために他の方法を探したりします。ある敏感な教師は、自分を抱きしめるように腕組みをしている人や、となりの人との間にバリアを作っている人がいることを観察しました。また別の教師は、自分が口のところに手をやって、それからタバコに火を点けて、不安をコントロールしていることに気づいたと話してくれました。このような新しい状況では身体的な反応、精神的な反応がともに生じるということに注意してください——寒い感じ、震える感じ、赤ちゃんが乳房に吸いつくように、口の中に何かを入れたくなる感じ、危険から身を守り自分を慰めるように腕組みをするなどです。こういうことは、めったに口にされません。大人としての自分には、こんなことはないと思っていますし、見て見ぬふりをする傾向があります。そういうものが自分や他者にあると思うと、恥ずかしくて、まごついてしまうからです。

ほんの小さな子どもでも、新しい状況でどれだけ怖がっているかを人に見せるのを恥じる傾向があります。だから自分で何とかするために、精一杯の成熟した能力を動員するのです。「ボク、おうちにこんな電車をもってるもん」と三歳のトニーは言いました。はじめての幼稚園という見知らぬ環境のなかで、彼は親しみを感じられる対象にしがみついたのです。何か知っているものを見つけると、ある程度までは、家と幼稚園のちがい、ここと あそこのちがいを否認できたのです。小学校（訳注1）の初日に五歳のピーターは宣言しました。「ボクは、もう、大きくて強い男の子なんだ

（訳注1）イギリスの義務教育は五歳から十六歳までである。

よ。弟はまだバカな赤ちゃんで、ママがいないと泣いちゃうんだ」。おいてきぼりになって困るのを怖がっているのは〝バカな赤ちゃん〟になることで、大きくなって、ひとりでやっていける小学生の彼の立場からすれば、軽蔑されるべき、おかしなことなのです。しかし理解力のある教師が、そういう感情について話せるようにしてあげると、子どもたちは打ち明けるでしょう。ある校長先生は、十一歳の新入生（訳注2）たちのそばに新学期の最初の二週間は寄り添って、気持ちを話せるように仕向けていると語ってくれました。いったん、そうしていいと励まされると、子どもたちがどんなに自由に語り出すかは驚くほどでした。ほとんどの生徒は、おかあさんにも、おとうさんにも決して話しません。たまにおじいちゃんやおばあちゃんには、学校に行くことをどう感じているかを話せます。しかしほとんどの子どもは、おにいちゃんやおねえちゃんには笑われるのを恐れて、あえて話そうとしませんでした。多くの場合、彼らの話し相手はペットでした。ある少年は、「ボクは、ネコの耳にささやいたんだ」と言いました。ペットだけに打ち明けられるのはどんな話なのでしょう。たとえば「先生がこわいの。校長先生がとくに。診察されて、手術みたいに切り開かれて、汚いものがまる見えなんじゃないかって思う」。「ほかの子がこわいんだ。みんな乱暴そうで」。「きのう眠れなかったの。夢の中で、みんながボクを撃つんだ」。「落第しそう。この学校についていけなくて」。大人として私たちは、自分たちはこういう幼児的な感情からはもう卒業している、あるいは卒業しているべきだと考えています。もし卒業していないとしたら、自分はどこかおかしいと感じています。

乳児期における起源

こうした感情が、子どもっぽいのも事実です。しかし私たちはこうした感情を子どもじみたとか、赤ん坊みたいであると否定的に扱いがちです。子どもっぽいと言うのは、その種の不安が、乳児期に起源を持っているという意味なのです。心についての精神分析的研究は、そういう体験がまさしく人生の始まりからあり、実際、早期にさかのぼるほど、その影響が強いことを示しています。しかしこの種の体験は、深層心理では一生存在し続け、過去と何らかの意味で共通する状況下では再現されます。これはしばしば無意識的に起こることで、（メラニー・クラインがそう呼んだように）感情のなかにある記憶であり、身体の記憶、情緒状態や無意識的空想の記憶なのです。このように新しい状況はかつて誕生のときのように、慣れ親しんだ環境から、寒い、見知らぬ、恐ろしい環境へと押し出された感覚を呼び覚まします。誕生という出来事は、これまでの体験のなかで、もっとも大きな変化です。赤ちゃんは、液体に浮かんで、自然に栄養補給され、子宮の暖かさに包まれていた環境から、際限もなく広がる冷たい空気のなかに追い出され、何らかの身体的機能を引き受けなくては、生きていけなくなります。ほかの生き物とちがって、人間は本当に無力な状態で生まれてきます。この無力さが大きな不安、それどころか恐怖をさらに募らせるのです。もしこの移行期を暖かい抱える環境で、ほとんど恐れのないようにすれば、それは大きな助けになるでしょう。フランスの医師ルボワイエは、できるだけ胎内の環境に近い状況を最初に作れば、このドラマティックな体験がほとんど外傷的にならないという実演を行いました。臍の緒を切る前に、赤ちゃんをおかあさんのおなかに乗せて、体を触れ合わせて暖かさを味わわせ、できるだけ早くに授乳し、新生児をやさしくマッサージしながらお湯に浸したのです。映像では新生児のひどい泣き叫びが静まり、だんだんとリラックスし、まわりの世界を見回し始める様子は、見る者に感動を与えました。もしおかあさんが、ウィニコットが言うように〝できるだけ少しずつ〟赤ちゃんをこの世界に案内するなら、それは役に立つでしょう。このようによい体験は、痛みに満ちた移行過程において助けとなる希望の基盤を作る一方で、強い不安状態も私たちの心の中に刻み込まれます。というのはあらゆる新しい状況には、慣れ親しんだ古い状況を喪失することが含まれているからです。特に突然で大きな変化は、それを呼び覚まします。新しい状況が混沌として馴染みがなければないほど、新しい状況は私たちを身体的、精神的、情緒的に深く動かし、一層の混乱と恐怖

（訳注2）イギリスの中等教育は十一歳から始まる。

を感じさせる傾向があります。

しかし読者の皆さんもそう言われると思いますが、もちろん赤ちゃんとちがって大人には、いや、子どもでさえも、無力感や喪失感や混乱に立ち向う知識と能力があります。恐ろしいときは危険から逃げて、助けてくれる人のところに戻ればいいのです。もちろんほとんどは甚だしいストレス状況のときにだけ、乳児期的な極端なパニック的反応に近づくわけです。新しい状況でどれくらいうまくやれるかは、心のなかのよい体験の量によります。親を信頼できるほど、そしてよい対象が不在でもそのイメージを保持できればできるほど、人はひとりぼっちにされても耐えられます。内在化されたよい経験があれば、あえてそれまでの身体的、精神的、情緒的限界を超えて、冒険に出て、新しい人びと、新しい状況を探求できるのです。技術の獲得や仕事の成功が、新しい状況に立ち向かう自信を与えてくれるのも事実です。ですから三歳の子どもは、ふつう十六歳の少年や成人した生徒よりも親が与えるものに依存しており、ひとりぼっちだと余計に怖さを感じるのです。

しかしどんなに成熟し有能になっても、無力感を抱いたり迷子になりバラバラになる恐怖に圧倒されるように感じることは多少はあります。たとえ似たような他の状況は克服していても、今のこの状況にたる力があるかどうかは、不安です。どんな変化を体験するときにも、自分はどこにいるのか、自分が何者なのかが分からず、脅威となるのです。自己感覚の基盤であり、自分が苦労して身に着けた内的な装備が、新しい経験にもちこたえられるか。それとも見知らぬ状況のインパクトによって、自己の境界が破綻してしまうのか。私たちはそれをテストする必要があり、そのテストを恐れているのです。なぜなら自分について知ってきたのは、ひとりぼっちの状況ではなく、慣れ親しんだ人たちや環境のなかでの、関わりにおいてだからです。そのような経験は、自分を知り、理解してくれている母親との関係にさかのぼることができます。私たちは、慣れ親しんだものを離れ、あえて未知と直面する危険をおかすと、自分が何者かという感覚、つまり自分のアイデンティティをなくすのではないかと不安になります。自分のいる状況が見知らぬ無秩序な場所であればあるほど、身体的・精神的・情緒的故郷から遠く離れれば離れるほど、怯えや混乱を感じやすくなります。慣れない一人暮らしへと投げ出されて、私たちがずっと昔に一度味わったように、無力感や混沌やパニックにふたたび圧倒されるかもしれないと恐れるのです。

ですから教育実習の学生も、クラスを任されることを怖がり、とても傷つきやすくなるのです。新米のママやパパのように彼らは、この状況に直面するために他者や先輩のサポートを必要としています。たいへん責任の重い仕事にくわえて、関わるのが子どもなので、自分自身の早期の不安が呼び覚まされるからです。新しい仕事をやり遂げなければならないとき、それまでにどんな実績があっても、自分の知識やスキルがさびていないか心配になります。教師も新しいクラスにせよスピーチや講義にせよ芸術作品にせよ、けっして同じ物を作り出すことはできません。教師も新しいクラスに向き合ったとき〝新しさ〟を体験し、この新しい状況で自分に要求されている仕事をやっていけるかどうか不安になります。これは新しいグループを運営しなければならない人に、特に当てはまるかもしれません。新しい挑戦だと自覚していれば、毎日がある程度、新しい経験の発見になるでしょうし、新しい仕事に持ちこたえられるかという不安も、常に生じてくるでしょう。こういう感情は避けられません。それが本当に〝はじまり〟なら、こういう不安が必然的にともなうものです。分からないままでいることのできる能力が、実際の学びや発見には必要です。もし私たちが怯えきって新しい体験に自分を開けなくなってしまうと、私たちは違うものを受け入れたり、新しい何かを見つけたり、何かを作り出したりすることを止めて、ひきこもってしまうでしょう。しかしそんなふうに思考や感情が硬直化すると、知らないことへの恐れ、混乱、どうすることもできない苦悶――誕生のときの状況の再体験――を余儀なくされてしまいます。

さまざまな希望と恐怖

教師から出された感想を振り返ってみると、三つに分類できそうです。

（a）迷子になったような気持ちやわけが分からないという気持ち
（b）私、すなわち権威のある人に関わる希望と恐怖
（c）集団の他のメンバーに関わる希望と恐怖

以上の事柄について順番に検討していきます。そしてこれらの感情に光を当てて、学校において私たちが、心理的・社会的な変化にどのように対処しているかを考察していきます。

迷子になることにまつわる不安

「受付に教えてもらっても、どこへ行っていいか分からず、間違ったドアを開けてしまいました」。

「この建物はあちこちに通じている廊下が多くて、迷路のようです」。

「途方にくれて、困ってしまいました」。

「孤立感を少しでもへらすために、隣の人の方に椅子を寄せたいと思いました」。

「孤立を感じましたが、椅子の間隔が狭く部屋がとても小さかったので、うれしかったです」。


これらのコメントが、新しい環境では、誰もがいくらか混乱することに気づかせてくれました。境界のない空間にさらされている感覚を減らすように、境界線を引きたくなるようです。そうやって空間的な意味では、未知の領域のなかで馴染みのある領域を区別できるようになるようでした。これらのことは、赤ん坊がしっかりと抱っこされていると感じ、外界の見知らぬ恐ろしいものから守られていると感じるために、母親の腕に包まれる必要性があることを思い出させてくれます。無視されがちなことですが、年長の子どもや大人にも、安心感を抱けるように、同じように抱っこされ支えられていると感じられる状況を与える必要があります。この境界がほしいという欲求は、幼稚園の教師なら大体知っています。小さな子どもたちのための空間がしっかりと区切られ、特別な入口があり、他の部分から柵で仕切られた特別の運動場を持つことは、かなり一般的に実施されています。このことが小学校の五歳児の新入生

クラスにまで拡げられたら、有益でしょう。荒っぽい年長児から小さな子どもたちを肉体的に守るために、仕切られた領域は役立ちます。一種の安全な港のようなものです。加えて、それは、探索領域を限定していると見ることができるかもしれません。そのような限られた領域にいることで、子どもたちは、お互いに接近し、守ってくれる大人が近くにいると感じて、抱えられ包まれていると感じることができます。これは家庭での体験の延長です。無限に広がる恐ろしい空間からは守られ、自分のよく知っている範囲で迷わずに遠くに行けるのです。部屋が狭く椅子がかなり接近しているのを喜んだ教師は、この近づきたいという願望を表現していました。これで孤立や戸惑いの体験は、いくらか緩和されます。

空間をきっちり区切ることが安心感を与えるように、信頼できる身近な人の丁寧な眼差しが安心感を与えます。それが危害に対する保護という意味にもなるからです。たとえば私が部屋に入ってきたことが、何人かの教師には、集団内で起こりうる暴力から自分を守るものとして体験されました。誰かの目――かつては母親の目であり、いまは教師や他の大人の目――は、誰かに見守られているという感覚を与えてくれるだけではありません。より深いレベルでは、自分のことを考えてもらっており、人としての自分が認識されているということも意味します。このようにして、自分が他の人と違うひとりの人として知ってもらえる存在であることに私たちは安心します。ある教師は、自分の座る椅子をそのままにしておけるかどうかをしきりに確認したがっていました。この教師の発言は、自分が覚えてもらっているかどうか心配だ、という表現のように思えました。「もし私がどこにいるか誰も知らなかったら、ママは私を見つけられないかもしれないし、そうしたら私は、自分の名前も住所も忘れてしまうかもしれないわ」と、とても心配した四歳の子が言いました。もし誰かが心の中に自分のことを覚えていてくれなかったら、また住所や自分が誰であるかを知っていてくれなかったら、本当に途方にくれてしまうだろうという恐怖を痛切に言語化していました。自分の名前、自分が誰なのか、どこに所属しているかを忘れてしまうかもしれません。これは本当に恐ろしいことです。ある五歳の子どもは、母親が自分のコートを家に持ち帰らなければ、学校にはいられませんでした。その子は、母親がこのコートにぴったりな小さな男の子のことを忘れずにいて、迎えに来てくれるように、自分の一部を預けておきたかったのだと私は思います。はじめにコートを脱ぐのを嫌がり、保護してくれる肌のような布地の中にいたがる子どもたちもいます。それは〝大気圏に〟さらされている感覚に対して宇宙服のように機能します。そしてある子どもにとっては辛抱し続けるために、〝少しだけお母さんの香りのするもの〟であるお母さんの所持品を持っている必要があります。ある幼稚園では、名札はそれぞれの子どもの上着にピンで止められています。小さなアマンダは自分の名札に執着しているように見えました。彼女は毎朝、母親に名札を忘れずにピンで留めるように言っていました。二、三日後、彼女はもう要らなくなったと言いに来ました。「先生はもう私の名前を知っているもの」と、楽しそうに言いました。母親から離れるときの不安が軽くなって、もっと大きな安心感を得ていました。そのため自分はもう〝知られていて〟先生に一人の子どもとして覚えてもらえ、先生の心の中に入っているので、〝自分のアイデンティティを確かにするもの（identity kit）〟に、必死にしがみつく必要がなくなったことがはっきりしました。

特に幼児が、こういった不安につきまとわれますが、小学校から中学校に進む少年や少女にも少なからず当てはまります。建物がより大きくなると、もっと混乱するだけでなく、関わりをもつ見知らぬ人の数も増えます。子どもたちが進学する前に、元の学校に子どもたちを訪ねる教師もいます。教師が一人ひとりの子どもやその子の以前の状況を思い出せなくても、子どもは以前に会っていて知っている人だと気づくでしょう。いくつかの進歩的な小学校（junior school）(訳注3)では、新入生をオリエンテーションに来させ、最初の数日間に同じ教師と一緒に教室にいられるようにします。同じ配慮が、中学校へ進学する子どもたちに試されているのも当然でしょう。そこでは大勢の中にいる自分を見いだすだけでなく、自分たちより身体の大きさが二倍もある少年や少女がいるのです。大学に入学すると、学生が大人から離れたがるのは当然だと誰もが考え、彼らがはじめて家を離れるとき、どんなに寂しく感じるかを忘れがちです。彼らは厳しく管理されたくないかもしれませんが、困ったときには、頼れる大人がいて、関わってくれると感じられる必要があります。新入生歓迎会では、彼らの大半が社交下手だと感じさせられ、楽しめないで、うわべだけで寛いでいるのです。ある大学では新入生が慣れて落ち着けるように、上級生を案内役にさせています。学生と個人的に気がかりなことや心配を表現する関係をつくる能力は、個別指導教官によって違います。これから起きる重大な危機を待つというより、学生たちがどんな問題でも話せるように、個別指導教官を活用できるようにするのが基本でしょう。

教師と学校にまつわる期待と恐怖

新しい環境に関連する感情、そして自分のことを心配してくれ、考えてくれ、はじめての新しい経験のインパクトを和らげてくれる人を見つけ出す必要性について、これまで考えてきました。さて教師のための講座の最初の日、私に対して教師の集団が見せた態度は、どのようなものであったかを丁寧に見ていきましょう。

何か恐ろしいもの、おそらく暴力はリーダーがいないときに起こるので、その恐怖を取り除いてほしい。私がそれを〝コントロール〟してほしいという切なる思いから、私の登場は待望されていました。このように私は、暴力だけでなく混乱と不確かさを押さえ込む力と強さを十分持っているかのように見られていたのです。ある教師は、参加者が物理的に接近することで安心できるように私が椅子を配列したのかしらと思っていました。その教師にとって私は、助けてくれる親切な人で、孤立感や戸惑いの感情がどんなものかを理解してくれ、緊張を最小限にする手段を考えてくれる人というイメージでした。かなり多くの信頼が寄せられていたに違いありません。その結果、さまざまな感情、とりわけ否定的な感情をとても率直に表現できたのです。一方、自分の椅子がないかもしれないと心配した教師は、個人としての自分は私にとってどうでもよく、私が思い遣りのない主催者であるという考えをもったに違いありません。遅刻に私が怒っていると恐れている人や「間違ったこと」を言うことを恐れてあえて話そうとしなかった

（訳注3）王確には上級小学校。イギリスでは、一般的に小学校（primary school）は、五歳から七歳までの幼児小学校（infant school）と七歳から十一歳までの上級小学校に分かれることが多い。

人たちは、明らかに私のことを批判的かつ否定的で了見のせまい人と感じ、おそらく懲罰的な人のようにさえイメージしていました。もっとも否定的な見方は、受講生はこっそり監視されていると感じた教師のものでした。その教師にとって、規則と制限は、自分たちには何の説明もされていないので、より一層恐ろしいものでした。カフカの世界のように、不明確で隠されている、ひどい悪意のある権威が、私や私の所属する機関の本性だと思われていました。

どんな新しい関係も、期待と恐怖を引き起こしがちです。そしてそれらは心の中では、共存しています。新しく出会った人についてはまだ何も知らないので、その人がとてもよい人に思えたり、とても悪い人に思えたりしがちです。ですから現実についての憶測や隠れた期待や恐怖を検討する機会のない時点では、こうした現象が、始まりではひときわ優勢かもしれません。新しい状況が幼い頃の感情を再び目覚めさせるのと同じように、新しい人との出会い、とりわけ教師やカウンセラーや医師や看護師や雇い主など、ある程度依存的関係を結ぶ人との出会いは、子ども時代の願望や不安を掻き立てます。こうした援助者はよかれ悪しかれ、しばしば巨大な権力があると感じられます。自分を幸せの国（魔法使いのおばあさんのように）に導いてくれ、すぐに知識欲の乾きを満たしてくれ、テクニックを伝えてくれ、魔法の杖をひとふりして、悩みを癒し、とり払ってくれる。こうして欲求不満を回避しながら、苦痛はゆっくりと回復し安心感をえて、学び成長していくことを期待しています。逆の場合には、腹いせに魔法や知恵や安らぎを与えず、辛辣で破壊的行動で攻撃し、屈辱を与え、苦しませ、待ちぼうけさせ、悪魔のように迫害し、すべてお見通しの神のように、欠点があるからと言って罰したり、あるいは期待をちらつかせてはじゃまをするように感じられます。こうした子どもじみた観念はある程度、洗練された形でみんなにあります。たとえば、講師はカウンセリング独自のテクニックを簡単に教えてくれるべきだという受講生の要求として表現されるかもしれません。そしてこれが叶わないと、講師は自分が優位に立ち生徒たちを無知と無気力のままにさせておきたいがためにテクニックを教えるのを惜しんでいると、その受講生は思うかもしれません。このような魔術的な期待と恐れと並んで、ふつうは実現できそうなもっと現実的な期待があります。自分より知恵や経験のある人に助けてほしいという願望。努力を長い目で見てほしいという期待。自分の不合理な要求や行動は理解してほしいが毅然とした態度で接してほしいという期待など。こうしたものがあるでしょう。

同級生にまつわる期待と恐怖

同級生の集団で自分たちが似た状況だと分かると、同じような苦痛を経験しているだろうと思って、助けてくれるかもしれないと思います。コーヒータイムの活発なおしゃべりと同じように、「誰かと知り合いになりたい」とか「誰かと親密になりたい」という言葉は、お互いが安らぎを求めていることを示唆していていました。兄弟、姉妹のように同級生の体験は自分の体験と近く感じるので、両親や教師よりたやすく心を開くことができるでしょう。大人が権威であるのに対して、同級生は仲間になれる人として求められるでしょう。しかし親密さを築くには、共感的な反応が得られるという確信が必要ですし、他人が同じように感じるかどうか、少なくとも自分の反応を理解してくれるかどうか試す勇気が必要です。過去に助けてくれる友人や兄弟姉妹がいた経験があると、同級生に接してみようという気持ちが出てきやすくなります。しかし、そのような同級生との関係への信頼感を損なう要素もいろいろあります。同級生のことを、兄や姉のように、自分とはかけ離れた落ち着いた大人だと感じるかもしれません。もっとひどい場合は、ピーターのように、いろいろな不安を抱いているような自分のことを〝おバカな赤ん坊〟と同級生たちが思っていると感じるかもしれません。同級生たちはライバルでもあり、〝正しい言動〟で、両親や教師からたくさんの注目や賞賛や承認をえようと躍起になっているかもしれません。そのため努力をバカにしたり、恥をかかせたり、あざ笑ったり、軽蔑してあしらったりして、自分のほうが優位だと見せつけたがっているかもしれません。だから友達を求めている一方で、敵だと分かると用心深くなります。

「なぜ私が選ばれたの？」という言葉は、入学できなかったがその可能性があった受講生との精神的なつながりがあることを示唆しています。入学できなかった生徒は、まだ生まれておらず、人生の機会が与えられていない弟や妹のように感じられます。その言葉は講座や特によい学校では、入学を許された者は自分の存在を正当化する義務があることを示唆しています。そして資格を与えられた恩恵にたいして、報わねばならないことを示唆しているのです。他人が排除され、自分はそうされなかった。このことが罪悪感を生んだようでした。また選考した人に対する信頼と期待に応える力があるかどうか、自分に疑問も感じています。もちろん学校や大学が二流や三流だと感じられれば、その状況はかなり違います。自分のように同輩は、劣っていて落ちこぼれと感じるでしょう。その怒りは同級生に向けられるか、あるいは学校に対して反抗的なグループを形作るのに役立つかもしれません。

ストレスを高める外的要因と内的要因

学校で、子どもや生徒と私たちとの関係がどうなるか。その出発点として、はじまりは肝心です。そのためにこの重要な心理的・社会的な移行を手助けすることは何で、阻害するものは何かを慎重に考えていく必要があります。新しい状況に入るとき不安は避けられず、実際には情緒の成長や知的な成長に必要であることを見てきました。不安は過剰でなければ、発達を促す刺激となります。しかし過度なストレスに曝されたり、ストレスに対する耐久性がないと、新しい状況にうまく対処できなくなります。そしてその人の潜在能力が、十分に活かせないような防衛方法をとらせるようになります。はじめてであることが、どの程度どのように影響するかは、外的なプレッシャーの程度や性質とそれを扱う内的な資質のバランス次第です。とても傷つきやすいので、どんな変化が起こっても、破綻か、少なくとも重大な退行を引き起こす子どもや生徒は必ずいます。反対に学校が、新入生の適応をひどく難しくさせているかもしれません。ほとんどのケースで、私たちはそうした要因の組み合わせ、つまり好ましくない外的環境が、個人の資質上の問題を悪化させるという状況と関わっています。

移行期において危機をもたらす要因

新しい状況におかれるたびに、私たちは早期不安状況を再び経験します。新しい局面と向き合ってそれを活用できるかどうかは、内的な安定性しだいです。つまり、馴染みのある外的状況や人がいなくても、どこまで内的安定感を発達させてこられたかによります。新しいはじまりが特に緊張させるようになる要因について、ここでは挙げておきます。

（i）幼年時代や子ども時代に、母親か父親の役割にあたる養育者が頻繁に変わった子どもや生徒。この交代は援助してくれる大人に対しての信頼を土台から侵食します。

（ii）幼少時代に親の病気や死など、心的外傷となる分離を経験した子どもや生徒――このような出来事は、愛する人が不在でも愛の力や愛が生き残るという確信を土台から侵食していきます。

（iii）以下の理由のために、よい経験を十分に内面化できなかった子どもや生徒。

（a）母親が、子どもを抱え安全感を感じさせてくれる状況を十分に与えることができなかった。

あるいは

（b）子どもの欲求不満の耐性がとても低いので、少しでも母親がいなくなるとよい経験の記憶を壊すことになってしまった。

こうした場合にも、安心できる内的能力は獲得されません。そのためこのような子どもや大人は、外的変化がない状況にしがみつく傾向があります。というのも彼らにとって、どんな変化も災いを意味するからです。

（iv）最近、喪失か分離を経験したため、この時点で、すでに精神的負担がかかり過ぎている子どもや生徒。

ストレス度にかかわる要因

空間：自分がいる馴染みのない空間が大きければ大きいほど、どうしたらよいか分からなくなる傾向があります。建物やキャンパスの大きさは、どうすることもできません。しかし明確な指示がより安心感を与え、新入生ができるだけウロウロしなくてもいいように配慮できます。多くの高等教育では、これとは反対のことが一般的に行われています。教師は動かないで、授業のたびに教科書など身の回りのものを持って別の教室へ、生徒が移動しなければなりません。新入生にとっては、とても落ち着かず混乱を招きます。またどの場面ひとつとってみても、生徒は〝ホームベース〟という感覚がもてず、うっかりとしていて持ち物を忘れがちです。学校やキャンパスのさまざまな施設の相互のつながりも、迷路のように、ばらばらで落ち着かない教育施設という感覚を増減させる重要な要素になります。中学校のゲーム室や学生寮の台所のように、自然な形で社交の場となる実用的な場所を用意する配慮などが必要です。

生徒数：空間で述べた配慮は、人数についても同じことが言えます。つまり人数が多いと、それだけその状況は恐ろしいものになります。少人数のなかで、人と知り合いになる必要があります。ストレスなく対処できるのは、最初は一人か二人の人と出会うことです。この人たちが、最初はよりどころとなり、あとあとは仲間を拡げて小集団へと導いてくれるのです。大集団では、戸惑いが大きく、敵意や暴力を怖れ、そしてアイデンティティを失うような気になります。そのうえ多くの選択科目があると、同級生の仲間グループのメンバーが、何度も変わることになるかもしれません。これはひどく落ち着かないことです。というのも、密着した関係を作るチャンスが与えられないからです。かたや個別指導では、少人数のゼミグループで補完されないと、生徒はあまりにも孤立してしまい、気心のしれた仲間を見つける機会が足らなくなってしまいます。

新奇なもの：新しい状況がそれまでと違っていればいるほど、より当惑し、怖そうだと感じるのは当たり前でしょう。家庭的背景や文化が学校や大学のそれとかなり違う子どもや生徒には、さらなる問題があります。これまでとは違う考え方、関係の持ち方、振る舞い方に直面するからです。彼らにとって、自分が適応できているかどうかを判断する指標でさえも、推測が難しいかもしれません。彼らの当惑や混乱もそれだけ大きいものでしょう。ですから私たちは、このような新入生には特別な援助をしなくてはならないのです。

外的要因と内的要因の相互作用：事例

入学

ジェーンは、兄や姉のように大きくなって、学校に行けるのをしきりに待ち望んでいました。その重大な日がやって来ました。彼女は見送る母親をほとんど振り返りもせず、誇らしげに歩いて行きました。そのため翌日、ほかの子は「ひどい」し、学校は「退屈だ」だし、給食のおばさんが「お残しは許しません」と言ったと、ジェーンが不平を言ったとき、母親はとても驚きました。最初の週末の後、彼女は涙ぐんで腹痛を訴え、家にいさせてほしいと訴えました。

子どもが熱心であったり意欲的であることは適切なことですが、母親から分離して新しい経験を始めるときに、何の不安の気配も見せないときには、いつも少し疑うべきです。後にジェーンと話してみて、彼女が学校生活をあまりにもバラ色に理想化していたことが分かりました。学校が退屈だという不平には、自分がすぐに読み書きできず、褒められている兄や姉のようになれないという、落胆の気持ちが含まれていたのです。彼女の自信に満ちた態度の背景には、学校でも末っ子として両親からひいきされ、兄や姉から寛大に扱われてきた家庭とまったく同じように関わってもらえ、扱われるだろうという期待があったのです。そのため同級生の自己主張に本当に驚き、たじろぎ、自分が集団のただの一員であることに、がっかりしたのです。

ジェーンの登校拒否は、やがて本格的な学校恐怖症へと発展するかもしれないと思われますが、さまざまな要因がこれを引き起こしています。ここで見ていくのは、彼女の家庭状況がいかに学校への非現実的な期待を導いたか、また特に学校の始まりが、いかに彼女を落胆させ心の痛手を負わせたかです。両親が知的であるということが、ジェーンの野心に火をつけたことは間違いないでしょう。しかしここでは、学校は何かできなったのだろうかという点を見ていきましょう。入学予定の子どもの体験入学の一環で、彼女は夏学期(訳注4)に母親と一緒に教室を訪れていました。そのときに彼女は、現実に読み書きができる子どもたちを見ていたのです。彼らの学力の証拠は、壁中に貼られていました。先輩たちがこれらを習得するのにかなりの時間がかかったことを、彼女が知るすべもなかったのでした。それは、誤った印象を与えるものであったかもしれません。また、それは学校側が、新入生の要求を満たしたいとの配慮からというより、学校側が親に印象づけたい願望から行なわれていたのかもしれません。まだまだ知的達成があまりに強調されすぎているのが現状ですし、しばしば競争が助長され、よい社会的関係が損なわれています。教師は、子どもたちがグループの一員になるように手助けする役割を軽視しがちです。子どもの生活のもっとも敏感な一時期を扱う責任があります。このことに彼らは大抵は気づいていません。もし子どもが学校にあがる前に、教師が両親とじっくり話し合えたなら、この作業が子どもの手助けとなるでしょう。そこで教師は、子どもの学校観、同年齢や学年の違う仲間との関係、大人との関係がどんなものかを聞けるかもしれません。十分に情報が得られたら、教師はそれぞれの子どもの強みはどこで、弱みがどんなところかにもっと敏感になるでしょう。教室でも運動場でも、子どもを援助できるかもしれないのです。

ジェーンは悪化する前に、母親と教師が協力できたので幸運でした。数日間、母親は教室の後ろにいるのを許されました。母親が教室を離れると、担任が少しのあいだ彼女のそばに居続けました。そして彼女が他の生徒と遊んでいるときも、しっかりと見守っていると保証しました。またジェーンはお弁当を持ってきてもよいことになりました。これで学校にいながら、家庭の雰囲気を味わえるでしょう。食べ物には、子どもと母親との関係全体がとても深く関わっています。ですから給食には、もっともっと思慮深く気配りをする必要があります。多くの場合、給食は学校に対する子どもの不満の中心です。ジェーンの場合のように、少なくともしばらくの間、学校に食べ物を持ってくることで、子どもに母親との関係の具体的な証拠を持ってこさせる必要があるかもしれません。

多くの学校では、食事は特別な〝給食のおばさん〟が給仕してくれます。このような給食はときとして、硬直した規律を課してしまって、個人的な関係から切り離されてしまい、型にはまったものになることがあります。子どもたちにとって、ほとんどの給食のおばさんは、とても重要な母親的な役割を果たす、親切で家庭的な年配の女性です。給食のおばさんや用務員さんなど授業をしない人たちは、教職員の中でもっとも愛され信頼されており、子どもたちが安らぎを求めて頼れる人、あるいは心配事をうち明けられる人なのです。彼らの貢献はめったに教師たちに認められず、彼らが一人ひとりの子どもについての知っていることが活用されないのは残念です。

途中入学が引き起こす問題

中学入学の半年後、ポールは臨床心理士のところに行くように言われました。彼は頭のよい生徒として知られていましたが、急に成績が落ちたのです。彼はひとりの友人もできず、恥ずかしがりやで無愛想に見えました。カウンセリングで明らかになったのは、彼はすっかり途方にくれ、困惑と恐怖のなかで、学校でやるべきことに全く集中できなかったのです。学期はじめに病気になった彼は、ほかの生徒より入学が一カ月遅れてしまいました。衣類やスポーツ用具がある場所、ほかの教室がどこにあるのか、図書館で勉強するにはどうすればいいのかなどを、他の人はみんな分かっているのに、彼だけはどう対処してよいか分からなくなっていました。彼はバカと思われるのが怖くて、質問したくなかったのです。そうして彼は、過ちを犯さないかと不安で、他の生徒の後を金魚の糞のようについてまわっていることに気づきました。彼は自分が一番でいられた小さな学校から、大規模な学校に来ました。中学校で彼は途方にくれて、自分のことをバカだと思え、放ったらかしにされていると感じています。こんな大きな学校では、教

（訳注４）イギリスの学年は、通常秋学期、春学期、夏学期から構成される。したがって、夏学期は、日本の学期制では三学期に当たる。

師がすべての生徒に目を向けていられない。だからどんな暴力事件がひそかに起きているかわからないので、怖いとも口にしました。大柄の上級生が彼にドラッグを差し出しました。彼が拒否すると、もし教師に話したらギャングから追われることになると脅しました。そのため彼は人に言えず、このやましい秘密を重荷に感じ、しかも上級生にやられると怖がっていました。

この事例から二つのことが分かります。（一）中途入学生が慣れるために、援助が必要だということ。ポールは新入りという通常の問題に加えて、半端者としてはじかれていて、自分だけが、どうしていいか分からないと思っていたからです。（二）学校の階段、更衣室、通学路といった教室外で起こることに、教師は丁寧に注意する必要があります。もちろん成長している子どもをいつも管理できませんし、またそれは望ましいことでもありません。ただ重要なことは、子どもの緊張やトラブルメーカーや脅迫する者に気づくことです。ここで重要なことは、子どもが自力でやりきれる限界をはるかに超えた、恐ろしく不幸な状況から、子どもたちを守ることです。臨床心理士が学校側と話し合った結果、ポールはしばらくのあいだ、図書館で勉強するのを認められました。より安全な状況や信頼できる大人との関係で、彼は不安に耐えられるようになり、やがてこうした状況のもとで、まもなく勉強に追いつき、次第に学校の一員としてとけ込めるようになりました。

大学一年生の問題

ジェラルドは大学入学後の数週間に、飲酒と薬物依存という危険なサイクルに陥りました。大量服薬もしていました。診察時の話では、自分は孤独で落ち込んでいて、期待も心配もされてないと感じていました。郷里を離れての大学入学で、早期の不安が蘇ったことが明らかになりました。それは、幼児期に母親が次々と弟や妹を出産したために、ほったらかしになったことと関連する乳児的不安にまつわるものでした。弟や妹が生まれるたびに、彼は自分がはじき出されたと感じていました。そして、大学入学のために家を離れることは、深層では、母親の保護から最終的に排除されると体験されているようでした。この青年がこのような個人的理由で拒絶感や見捨てられ感を感じやすかったために、この状況が引き起こされていることは明らかでした。しかし、この青年が抑うつや孤独を克服するのに役立つ援助はなにも用意されていませんでした。街の下宿に住んでいたので、キャンパスの活動や多くの人と自然に交流する主な機会から、彼は切り離されていたのです。キャンパスそのものが、彼には広すぎるように思われ、情緒的交流のない世界にいて戸惑いを強めました。人とのつながりがある場所にいると、彼は実感できなかったのです。彼が言うには「自分は何者でもない。広大な空間をうろうろしていて、グループは絶えず変化し続け決してそれに所属することはない。自分が生きていようと死んでいようと誰も気にかけないし、知ることもないだろう。私は個別指導教官に相談できることを知っているが、彼は私に特に関心を持ってくれているような様子は、まったく見られなかった。だから自分は単に不幸だというだけで話に行けないと思った」。

結果的に医師や学生相談のカウンセラーのおかげで、この青年は悲しみでお酒に溺れたり、睡眠薬で絶望を殺すのではなく、援助を求めて頼れるのだと気づけるようになりました。彼は学生寮に移ることに決めました。そうすれば他の学生と出会い、同級生の一員だと実感でき、孤独感が減るだろうと思われたのでした。ジェラルドと違って、ただ所属感を体験するためだけに、非行グループに加わる学生もいます。新入生が建設的で価値ある新しい人間関係を少しずつ見いだせるために重要なことは、スタッフと社会人学生による個人的援助ができる状況を準備することだと思われます。そうでないと非行グループの友人を、よりどころにしてしまうかもしれません。また不適切な防衛的行動に逆戻りして、薬物や酒をやったり、暴力を振るったりして、苦しい気持ちを取り除こうとするかもしれません。なんと言っても私たちは道をふさぐのではなく、さらに先へとつながる道を子どもや生徒に与えたいのです。

第二部　人間関係の性質を理解すること

I・ザルツバーガー - ウィッテンバーグ

第二章　生徒から見た教師との関係

はじめに

ここまで見てきたように、はじまりには恐れと希望が交錯し悩まされます。この段階では、私たちはまだ過去にもとづく先入観と期待をもって対応しています。実際の人間関係の性質は、この段階から、試行錯誤しながら学んでいくことになります。では実際に最初の出会いから、何が起こるのかを見てみいきましょう。

教室での最初の出会いは終わりました。もっとも恐れていたことが起こらなかったので、安堵している人もいるでしょう。私たちは移行を乗り切って、どうにかはじまりを克服しました。初日に不運な事件がたくさん起こらなかったことは、生徒にとっても教師にとってもホッと一息つき、新たな自信になります。それに関わっている者にとって、それは新しい事業をおこし、健康な赤ん坊を産んだようなものです。心配や準備があまりに一杯あって、見通しを立てることがスタート時期に集中するので、クラスやグループの実際の活動が開始されること自体が、まるで赤ん坊の誕生のように安心と喜びをもたらします。仕事から解放され、椅子にもたれて、自分の仕事に誇りを感じ、自分で祝福してみたくなります。成果に浮かれ気分になって有頂天になり、あたかも最悪の事態を乗り切って、これからは楽にやっていけるように感じるかもしれません。しかし赤ん坊や学校の生徒、グループのメンバーは穏やかな状態のままではいません。食べ物をほしがり、要求し、イライラしたり精神的な苦痛があれば、泣いたりわめいたりします。仕事は始まったばかりで、生徒たちによい環境と精神的な糧を与えるという私たちの能力は、今から試されることが分かりはじめます。これからの任務に比べれば、新しい仕事を始める労力が、いくら厳しかろうと、振り返ってみると、とにかくすぐに終わることのように思われます。どんなプロセスを始めてしまったのか、何を引き受けてしまったのか、時間がたつにつれ努力を続けられるだろうかと心配になりはじめるのです。

教師のための講座での私の経験に戻ってみましょう。講座の二回目に来た受講生は、最初の時より明らかに不安を軽くしてやってきます。一方では、前の回での恐怖心はおさまり、次に起こることへの熱意が刺激されているようです。他方、私は、直接的なやり方で、自分自身がもっと挑戦されていることに気づきます。私が、生徒が教師との関係で持つ感情に注目すること、そして現在の状況をその目的に生かしてもよいということを示唆すると、A先生は腹立たしげに言いました。「このクラスと、教師として教えてきたクラスと比べて、そんなに似ているとは思えません。私たちには教えるべき科目があり、カリキュラムをこなさなければなりません。それに私たちは自分で選んでこの講座に参加したけれど、生徒たちは学校に来なければならないのです。この講座でいったい何が学べると言うのですか？」

私がこの状況はいろんな点で違っていることを認めると、すぐに「〝状況〟というのは最近ではあまり用いられない表現です。私は英語教師としてこのことを指摘してさしあげたいと思います」と、断固として言うB先生にさえぎられます。次にC先生が言います。「私はこの講座に残るかどうか決めていません。この話し合いは退屈です。今まで聞いたことは全部よく分かっていることです」。このような批判や疑いは、新しい教師への反応としてはよく見られるものであると思います。新しい教師の知識と権威に挑戦しているのです。私は質問します。彼らがいま観察したことは、生徒たちが彼らに示す行動や感情と、基本的に違っているか、と。すると受講生からは、次のような反応が返ってきます。まず生徒たちは教師の言うことに口答えをしたり反論したりしがちです。彼らは、しばしば自分の方が教師よりもよく知っており賢明であること、学科は退屈で努力する価値がないと示したがります。これらの所見は、たったいま経験したことに完全に合致しています。ですから、わき上がったこの種の感情は、教師・生徒間の関係を理解することと重なっているでしょう。このように考えることが、役立つのです。この講座のグループの他のメンバーは、クラスの生徒たちは新しい教師が自分たちをコントロールできる強さをもっているか不安であり、教師への挑戦はその強さを試すひとつの手段だと指摘します。生徒は優位に立つために、できる限り教師の弱点を見つけようとしがちだと指摘する者もいます。特にグループが団結していると、彼らは教師が役立たずで、疎外感を感じさせるようにするかもしれません。生徒たちは、自分が簡単に格下げされたり、評価されたり、劣っていて値打ちがないと思われることを恐れているという意見もあります。この時点で、私たちは、比較的敵対的な感情から離れ、好かれたい、与えられたい、助けられたい、認められたい、慰められたい、気をひく存在でありたいという生徒の望みについて考え始めたようです。ある小学校の教師は、子どもたちが親のように身体的にも情緒的にも世話をする人として、自分を求め頼ってくると述べます。別の教師は、ある子どもからはまるで悩みを打ち明ける友人のように扱われ、その子どもが抱える家庭内での問題についての話を聞かされると言います。これが青年期の子であればボーイフレンドの話を聞かされることになります。多くの教師が、子どもたちからとても信頼されていると感じています。いつも教師の私生活へ強い好奇心を持って関わってきて、どこまで個人情報を子どもたちと分かち合うことが子どもたちに役立つことなのかという議論が起きます。ある教師は、「子どもたちは、私の方が経済的に彼らより恵まれており、知識もあることを妬んでいると思うから、私はあまり彼らとたくさん話したくありません」と言います。ほかの教師は、子どもたちが教師の私生活や教師が授業を休む理由に対して抱く空想について話します。教師は生徒の精神的な生活に重要な位置を占めており、しばしば非常に強い肯定的感情や否定的感情を授けられていることが明らかになりました。つぎに、よく見受けられる教師に対する態度を吟味するなかで、学びに役立つ人間関係をつくる可能性の高い、現実的な生徒の態度と、たとえ強固に維持されていても、仕事や学習や発達に有害な態度とを見分けていきたいと思います。

生徒の教師への期待

知識と知恵の源としての教師

教科を教える教師の方が、学ぼうとやってくる者より、教科の知識をもっていると考えるのは現実的です。たとえばタビストック・クリニックのスタッフは、人間関係を精神分析的に研究した経験から得た洞察を分かち与えることができるし、それが教育分野にどのように役立つかについての一定の考えを持っていると期待するのは当然です。しかし講座の受講生は、社会行動学や社会学のように、私たちの機関の専門外の知識を与えてくれることを、しばしば期待するのを知っています。受講生が持つそのような期待は、すべてを知っている教師、生徒に無限の知識を与えることのできる教師への願望に由来しています。同じように多くの子どもは学校に来るとき、世界について学び、その知識を得るさまざまな方法を見つけることを手伝ってもらおうとは、あまり思ってはいません。むしろ事実や情報があふれる百科事典のように、教師が与えるべきだという期待をもって学校に来ています。何でも知っている教師への期待は、親がすべての知識と知恵の所有者であった幼児期の感情に由来します。教育の基本的かつ唯一の目的が、知識を与えることだという主張があります。これは知るべきことは大人がすべて知っているという仮説と、具体的な知識の束はパッケージとして生徒に受け渡せるという仮説に基づいています。このような信念は、大人が〝それ〟を手渡すという要求につながります。〝それ〟とは知識であり、〝答え〟や〝スキル〟、〝癒し〟や完全な理解のことです。もし教師がそうしなければ、ケチで意地悪で、出し惜しみをしていると思われるでしょう。教師の受講生グループが私に対して、インタビューの〝テクニック〟を教えないと、不満の声を上げるのがこの例です。まるで教師の仕事が、具体的な答えを与え、模倣できるスキルを教えることであるかのようです。そして生徒の好奇心を刺激し、質問をさせるように仕向けたり、自分の感覚を使って現象を観察したり、観察したことを一定の理解の枠組みに照らして整理するのを手助けする等、こうしたことに最善を尽くすことは、教師の仕事としては考えられていないかのようです。しかも生徒たちは、自分に与えられて当然のものが、教師にその気がなくて与えられていないかのように怒り、誤魔化されたと感じていることに、しばしば教師は気づかされます。ここに見出すことができるのは、子どもや若者が親との関係の中で抱くある種の疑いです。彼らは、親が自分たちを無知と無能力の状態に留めておこうと、わざと大人としての能力を引き渡さないと信じているのです。

遅かれ早かれ、成長するにつれ子どもは、どんな質問にも答えてくれていた力強い親が、実は限られた知識しかもっていないことに気づくはずです。親はすべてを知ってるのではなく、彼らの答えは世の中の難局を乗り切るには、まったく不十分だというとても大きな失望感をいだきます。そして親を理想化することから離れて、見くびるようになり、全知全能でないのならば、親はバカで無知で、子どもに与えるものが何もないのだと不満を言うのです（実際このとき講座の受講生の、タビストックのスタッフに対する関係はこのようなものでした）。子どもは親に背を向け、使える答えを与えてくれる全知全能の人を見つけたいと思って、ほかの大人を探します。あるいは大人は、理想的な神託を求めて、講師から講師へ、講座から講座へとむなしく渡り歩き続けます。彼らは多分、賢そうに見える人やいつでも簡単に答えをだす人、一連の知識を理論としてパッケージに入れている人に惹かれるのでしょう。世界は複雑で、私たちの理解力には限りがある。それを見つけだし学ぼうとすると、戸惑い、混乱し、不安になる。しかしこうした感情と向き合わねばならない。この受け入れがたい事実から、彼らは逃れようとしているのです。しかし大人でも子どもでも、おそらく知恵の源を探し求める者は、自分のためにそれを整理して示せる者は誰もいないという結論に達するでしょう。そのとき彼らは、質問させ観察させ考えさせる本当によい教師と、表面的には賢そうで、簡単に答えをくれる教師とを区別できるようになるでしょう。他人の限界を発見することは苦痛かもしれません。しかし自分自身の探求心を刺激され、真実を求めることからは大きな喜びと満足が得られるのです。

何かを与えてくれ慰めてくれる人としての教師

指導者に、多少、依存していると感じるのは、学ぶ状況にはつきものです。指導者が理解力やスキルを高めさせてくれると期待し、その豊かな経験を頼って、そこからためになるものを得たいと望みます。ガイダンスとサポートを与えてくれる人としてみるかもしれません。しかし大人への期待と、より幼児的な要求とを区別しなくてはなりません。大人への期待とは、大人の快く援助する能力と援助する意志への期待であり、幼児的要求とは、教師が生徒の欲求や願望すべてを自動的に満たすべきだというものです。私たちの気持ちのなかには、欲求が即座に満たされる（あるいは、そう想像したい）胎児期と乳児期に失ったパラダイスへの子どもじみた憧れがあります。受け身の姿勢で講座に参加する人は、講義は情報を得るためであり、そのために必要なことはくつろいで座ることだと理解し、耳を開いて言ってることを書き留め、こうすれば知識を得られると期待します。生徒は自分が正しいと自信満々で、〝結局〟自分に知識をしみこますために〝講義を受けに来た〟と主張するかもしれません。従順な態度は、素直で注意深い〝よい〟生徒であることの証明であると、誇りにすら思うかもしれません。この受動性は、知識の伝授に関する一種の魔術的な方法に対する信念が底にあります。しかし乳児は哺乳の時、お乳を口に流し込んでもらったりしません。お乳は乳児自身が吸わないといけないですし、口に入ったものを飲み込み消化しなければならないわけですから、乳児は能動的でなければなりません。受動性についての信念は、こうした事実を無視しているのです。やがて乳児は、母親や自分自身の身体への好奇心が強まり、物事の内実を探索する動きをはじめます。乳児は身体的、精神的スキルを身につけようと能動的に奮闘する必要があります。もっとも極端な形の受動性は、寄生に等しいかもしれません。生徒は、ただ学校に来て教室に座っているだけで（母親の胎内の胎児のように）、いわば臍の緒を通して、知識を取り入れられると思うのです。そのような幼稚な願望は、おそらく程度の差こそあれ誰にもあり、生徒が受け身にはまりこんでしまい、自分が成長する責任を教師にゆだねてしまうような安易さをはっきり示しています。それほど極端でなくても、簡単に学びたいという願望はあります。〝噛んで含めるように説いてほしい〟という要求に応じない教師は、役立たずで生徒に無理な要求をすると非難されやすくなります。

私たちの講座では、このような態度は洗練された外観で現れてきています。たとえば、私たちが行なったような討議形式ではなく、普通の講義形式で心理学の理論やカウンセリングの仕方について教えるべきだと要求することは、ひとつの現われかもしれません。人間関係の分野で情緒的な葛藤を理解する能力は、教師はそうしたくても教えることができません。受講生によっては、このことを理解することが、本当に難しいかもしれません。理論を教えることはもちろんできますが、それは単なる知識の修得であり、人間をカテゴリーで分けるスキルを得たに過ぎません。それにもかかわらず、あたかも心について知ったかのような誤解をする恐れがあります。これは危険な態度であり、共感に基づく理解からは、はなはだしい隔たりがあります。もし一人ひとりの生徒の個性を大事にすることを学んだり、生徒が成長する機会を与える関係を提供することを目指すのであれば、まったく役に立たないでしょう。私たちの講座の目的は、他者と自分をより深く観察することで、人間の葛藤について気づきを深めることです。観察することを学ぶことは、人間関係の分野にとどまらずどんな分野でも必要であり、発見の基礎となります。知識と経験を簡単な方法で手に入れようと拘ると、本当の学びと発達にとって大きな邪魔になりますが、私たちはみなしばしばそうした状態に陥りがちです。

同じような問題は、教師がカウンセラーとしての役割をとるときにも起こります。教師は、生徒の悩みに気を配り、話を聞いてくれ、苦悩を心配し、できるかぎり気持ちを楽にして問題の本質が何かを探り出してくれ、必要ならば、当然、生徒をどこかに紹介してくれることを期待されます。しかし教師に際限なく要求し、教師の自由時間とプライバシーに侵入する生徒もいるかもしれません。生徒は貪欲さに何の良心の呵責も感じず、逆に教師を愛していると言い出し、ついには自分を心配し理解する唯一の人であると主張するかもしれません。

生徒は教師を理想化して、教師が休養したいとか気晴らしがしたいという現実的な欲求を持つことに気づいていません。そして教師を独占してしまい、教師が家族や他の生徒と関係を持っていることを認めることから来る嫉妬の苦しみを避けているのです。そこには乳児期の状態に戻りたい、母性的で献身的で絶対的な愛を受けたいという万人共通の渇望があり、一度は経験したか、あるいはいまだ経験したことのないことを切望しているのです。実際、もし若者や大人で、それほどまでに濃厚に四六時中ケアを受けないとやっていけないならば、専門家の助けがいるはずです。それは教師の仕事の領域をはるかに越えています。このような要求は、しばしばフラストレーションや情緒的な痛みから逃れたい願望から生じています。

医師、看護師、精神科医、ソーシャルワーカーなどのほかの援助の専門家のように、教師はたやすく、魔法のように痛みを癒し、挫折感や無力感、絶望を取り除いて、かわりに幸せと望みを全部かなえる人として、幼児的な願望の対象になります。そのような願望が満たされるはずだし、満たされうると信じてそれにしがみつく人は、簡単に失望し、怒ってそっぽを向き、役立たずと非難して、自分の望みを聞いてくれそうな人を探すようになると予測しておかねばなりません。この態度がとても危険なのは、それが発達阻害的であるからです。にもかかわらず、私たちもそれに順応してしまう傾向があります。もしフラストレーションや精神的な苦痛と戦わなくてもよいという信念に固執するなら、自分で潜在的な強さを見つけだしたり、発展させたりすることはありません。ほとんどの人は、必要がなければ自分の心の筋肉を用いようとはしません。人は手っ取り早いアドバイスをもらいたがります。どうすればいいかを言ってくれる友人や本に私たちが事欠くことはないのです。こうして外からの助けに過度に依存し続け、しかもこの依存こそが、見捨てられる恐怖を増大させ、自分が頼る人に憤りを向けることになるのです。そうではなくて、他人にサポートや理解や慰めをかけてもらえて、全面的に頼らず、むしろ苦しみから助かる一時的な援助を求めるならば、自分の経験から学ぶ自信が少しずつついてくるでしょう。

賞賛と羨望の対象としての教師

教師は、その分野のエキスパートとして高い評価を受けるかもしれません。なかには自分の科目に関心が深く、知識・真実・美の追求に身を捧げて賞賛を集めている教師もいます。さらに自分の研究科目について、その強い熱意を人に伝えて、自分に関わってくる人たちを刺激し鼓舞する力を持っている人もいます。したがって私たちが学ぼうとする教師が持っている多くの性質は、憧れの気持ちを呼び起こすかもしれません。これは深い感謝につながっていきますし、その賞賛する教師のようになりたいという願望につながります。それは同時に、理想化とヒーロー崇拝を引き起こすことでもあります。理想化に基づいた教育は、生徒の熱意を呼びさますかもしれませんが、しばしば短命です。私は、若い物理学の教師を崇拝したのを覚えています。彼が教えていた間、私の人生で最初で最後でしたが、この科目は光り輝いていました。もし教師がその科目で究極の権威者だと思われたら、彼はすべての問題を解決し、発見されるべきことは全部発見したように思われるのです。かくして彼は神聖化され、その考えは福音書のように扱われて、誰も質問したり意見を言ったりしなくなります。

どんな賛美も、ある程度の羨望なしにはありえません。問題は、二つの感情のどちらが強いかです。誰でも美しさ、知性、創造性を持ちたいと望みます。羨望の極みでは、人は攻撃的になり、羨望の対象となるものをさまざまな方法で破壊しようとします。自分がバカにして笑ったり意地悪な見方をし、いつも批判し、教師の仕事を酷評するのが、羨望のせいだと普通は気づきません。羨望する生徒は、教師の弱点を見つけ弄ぶのが上手です。羨望が考えられないくらい強く働くと、教師の自信を傷つけ、枯渇したように感じさせ、取り乱させるのに成功するかもしれません。あるいは攻撃の的になるのは、教師の仕事の希望や楽しみかもしれません。ある教師は、クラスの生徒の一人があまりに破壊的だったので、自分の教えたいという欲求はほとんど殺されてしまったと語っています。台無しにする行動は、実際に非常に強力で効果的です。人への羨望を意識するのを避ける方法は、他人にそれを引き起こさせることです。自分のすばらしい才能を誇示したり、まるで有名人と親しいかのように吹聴して、仲間や教師に劣等感を抱かせるような生徒がいます。若者は年長者に対して、彼らがすでに棺桶に片足をつっこんでいるかのように、また人生の楽しみやセックスが若者の特権であるかのように思わせます。あるいは苦労して勉強するどころか、自分はもうすでになりたいものそのものであるかのような顔をして、〝裸の王様〟のようにいい気になり、心細く感じたり、情けなく感じたり、うらやましく感じることにさらされることから逃れる者もいます。羨望に対処するもうひとつの方法は、知識をこっそり盗むことです。生徒にとって、自分で学ぶときに役立つ教材を与えられるのは、もちろん望ましいことです。しかし、全部自分でできると言い張ったり、人から仕入れた知識の断片を、自分の発見のように見せびらかすとなると話は違ってきます。これはまるで子どもが、食事のときに食べるよりも冷蔵庫から勝手に食べ物をとってきて食べるのを好むようなものです。そのように振舞う人は、身体的な糧や精神的な糧を誰から得ているかを認め、それを与えてくれた人に感謝することを避けているのです。

賞賛は、自分と他者を比較することと密接に関係しています。そのような比較は競争心を引き出し、たやすく優越感と劣等感の観念に巻き込んでいきます。人を羨ましがる生徒は、学ぶ者の立場にあることが、発達には避けられない段階ではなく、意図的に自分が愚かで辱められているという気持ちにさせられていると感じるのです。これが与えられる者に憤りと拒絶を引き起こさせるのです。その結果、それは学ぶことへのとても大きな障害となります。それは知識やスキルを習得するプロセスの喜びを、除々に穏やかな形で損ないます。知識と経験を得るために、教師も奮闘しなければならなかったことを認めない生徒もいます。教師が生まれつき知恵に恵まれているので、子どもの気持ちなど分からないと思うのです。よく「先生にとっては、難しいことじゃないでしょう」と言い切る人がいますが、それは人が簡単に業績を得ていると思っていることを示しています。

判定者としての教師

尊敬される教師は建設的な批評を求められます。この批評は生徒がもっとよい成果を上げたり、自分で決めた目標を達成するのに役立つかもしれません。他方、批判はどんなものでも辛辣で破壊的だと感じられ、教師が不平や不満を感じ、重箱の隅をつついているとさえ感じられます。極端な場合には、悪いところをあぶりだして、駄目だと思わせたいので、生徒の学習のあら探しをしたがっていると思われてしまうかもしれません。生徒の学習評価は教師の役目の一つですが、そのために絶えず監視され判定されていると思われがちです。目標に達していない、まだ足らないと見ぬかれ、先のステップに進むのを許されないという恐れを抱きます。生徒同志の競争心も、ものさしでトップから最下位まで順位をつけて評価されるという考えを引き起こし、自分のペースで勉強して自分なりの基準でもよいと思えなくなってしまいます。トップになれないと思うと、もっと一生懸命に頑張るよりも、むしろ諦めてしまうかもしれません。他方では、一番悪いから〝特別である〟とある種の満足を見出すかもしれません。生徒は、誰が先生のお気に入りか、誰が好かれ、嫌われているだろうかと思いを巡らします。自分の発言が教師の興味をひくか、あるいは無視されるのか、とても気にします。私がその講座のグループで観察した現象に注意を向けるためにしたコメントも、いつも決まって賞賛か非難かを仄めかしている価値判断として経験されることが分かりました。生徒は、教師がする批判にとても敏感になっており、しばしば深い悩みの原因になります。

権威者としての教師

校長、講座の主任、教師、カウンセラーの役割は、（ソーシャルワーカー、医師、セラピストなどと同じように）ある種の権威を内にもつ立場にあります。その仕事には、責任を負う人びとに対して影響を与える決定をする部分があります。これは、教師の場合では、限定されたものかもしれません。ふつう教師の管理上の決定とは、仕事に、空間や時間を設定することです。そして生徒に許される行動についての条件と、勉強と努力の目標を設定することに限られます。他方、校長はカリキュラム、規則や罰則の設定、スタッフの雇用と解雇、生徒の入学と退学について責任があります。しかし責任ある立場の人たちはすべて、自分が実際に持っているか、あるいは行使したいと望むより、はるかに大きな権威を付与される傾向があります。たとえばスクールカウンセラーは、子どもの在学や退学の決定権をもつと誤解されているかもしれません。好むと好まざるとにかかわらず、自分の立場をはっきり自覚しているか否かにかかわらず、生徒はかなりの権力を私たちが持っているると考えているようです。このことを私たちは自覚しなければなりません。彼らの望みと恐れはまったく非現実的で極端かもしれないのです。平和、調和、救済、苦痛からの解放などをもたらす、慈悲深い権威者の地位に私たちをつけたいのかもしれません。他方、権威ある立場にある者が、権力を乱用すると彼らは恐れているかもしれません。自由を奪い、いかなる反対意見も認めず、命令に従う奴隷のように配下の者を扱う暴君だと思われているかもしれません。また厳しい懲罰を課す者のように思われているかもしれません。これは恐怖と服従につながるでしょう。反対に生徒のなかには、罪を許されるために、罰せられたいと願う者や、よかれ悪かれ自分自身の責任を放棄するために、教師を究極の権力者にしようとする者もいるかもしれません。

もちろん懲罰的な権威への恐れにもいろいろありますし、申し分なくよい人への信頼にもいろいろあります。私が会った生徒や教師の多くは、権威の行使や制限の設定を権威主義と混同しています。後者は、一定程度の独裁と自由の制限を含む上に、他者をコントロールし支配するのが目的です。生徒がもっと現実的なら、しっかりと権威を持つ人が暴力をコントロールし、理不尽な行動を抑制し、破壊に対処し、怠慢と怠惰については、断固たる強さと慈悲の心をもって取り扱ってほしいと思うでしょう。そうしてその生徒や集団の中の他の生徒の人格の建設的要素が前面に出るようにさせてくれることを望むことでしょう。生徒のことを思いながら毅然としている教師は、生徒のよい性質を信じて、高い基準を設けたいと思うものなのです。しかも生徒が臆病にならないほど厳しくなく、ちょっとした過ちや、どうしようもなかった失敗を許さないほど過酷ではないのです。そうした教師を、生徒は求めているのです。

転　移

教師との関係で起こりうる、数多くの感情をいくつか示してきました。これらは人によって、現実的なものであったり、極端なものであったりします。また、同じ人間でもそれは変化しうるものです。このような感情にはすべての人間的感情が含まれるでしょうが、私たちは、特に学ぶ状況で起こりがちな感情に注目してきました。教師は、自分が人からそんなに強い肯定的・否定的感情を向けられるのは、奇妙に思いがちです。それらの感情は、状況にふさわしくなく、私たちの振舞いや、私たちの自己イメージにもそぐわないように思えるかもしれません。生徒がなぜそんな感情になるのか分からないので、教師は、その出現にうろたえがちです。そして、喜ばされたり、傷つけられたりしている自分に気づくことになります。たいてい教師は、その存在を無視する傾向にあります。仮に漠然と気づいていても、その強さや生徒と教師の関係に及ぼす大きな影響力を過小評価しがちで、そのため学ぶ能力に及ぼす影響力をも過小評価することになります。たとえば恐怖や嫉妬、あるいはその両方が優ると、学ぶことの邪魔になるのを見てきました。賛美や愛、感謝が努力を引き出す一方、極端な形で教師を過剰に理想化することは、どんな努力も必要ないという信念につながります。そんなに強い愛と憎しみの感情は、学ぶことと教える仕事の邪魔になります。しかしそれは間違いなく存在し、取り除きたいと思っても取り除けないでしょう。できることと言えば、生徒の心のなかに存在する極端な考えにかわりうる、より現実的な支援者としての大人という考えを、態度や行動でもって育むだけなのです。しかし、まずそのような子どもっぽい感情の源をたどってみましょう。

転移の概念

過去に経験した感情が、現在の人間関係に転移されることを発見したのはジグムント・フロイトです。彼は、患者が幼児期に経験した感情を、関係のなかで追体験することを発見しました。最初、彼は女性患者が示す自分へのエロティックな愛着に強く印象づけられ、そのことを中心に転移を考えていましたが、のちに愛や憎しみ、嫉妬、敵対心、恐怖などの感情が追体験されることが分かってきました。患者が思い出したり蘇らせた事柄は、実際に起こったことの正確なレプリカではなく、患者の感情や幻想、恐怖や願望に深く彩られていました。同じように他者との関係を人がどのように知覚するかは、他者への感情に強く影響されます。ですから、たとえば両親が残酷な性的関係を持っているという、ある子どもの見方は、自分が両親から疎外されたことへのその子どもの怒りの感情に起因するかもしれず、嫉妬心に彩られて、両親を互いに喧嘩させ傷つけあっていると見るようになったかもしれないのです。この幻想は、子ども自身のセクシュアリティと他者のセクシュアリティに対する態度に影響し、大人になってからの人間関係の妨げとなるかもしれません。

このような幻想はたいていは記憶のなかに現れませんが、現在の人間関係のなかで意識・無意識の両方に生きており、それに深く影響します。フロイトは、この絶えず現在の生活によみがえる現象を〝転移〟と呼びました。過去の関係のパターンを繰り返す傾向は普遍的な現象であり、どんな重要な関係においても起こります。フロイトは失われてしまう経験はないという結論に達しました。経験は心のなかに蓄えられて、過去となにか似た状況になると、再び呼び起こされる準備をしているのです。ですから教師との接触は生徒のなかに、自分が過去に母親や父親との関係で経験した多くの感情を蘇らせるのです。これらが早期乳幼児期にさかのぼる最も原初的な不安状態を含んでいるということが、最初の児童精神分析家であるメラニー・クラインによって発見されました。乳幼児の心は、幻想的な人物イメージでいっぱいで、それらは現実の親よりもはるかに恐ろしく、はるかに素晴らしいと彼女は考えました。それらはおとぎ話に出てくる、悪事を犯し、恐怖を呼び起こす魔女や怪獣、悪魔、すべての望みをかなえて瞬時に姿を現す魔法使いのおばさん、魔法使い、魔術師に似ていました。子どもは敵意に満ちた環境の恐怖を打ち消すために、親の理想的なイメージを作り出すという仮説を彼女は立てました。この恐怖と恐ろしさに満ちたイメージは、痛みやフラストレーションに直面した赤ん坊の無力な状態と関連していますが、赤ん坊のなかに起こる攻撃的な怒りの感情によっても強化されます。彼女はフロイトと同じく、人間は愛と憎しみという二つの衝動をもって生まれ、人生の最初から赤ん坊がどのように世界を知覚するかを色づけると考えました。クラインの仕事は、子どもの豊かな幻想の世界について、さらに深い洞察を提供しています。あらゆる身体的な経験には、その精神的な対応物、つまり幻想が付随しているのです。他方で幻想は、まるで実際にそれが具体的に起こっているかのように経験されます。ですから思考が、外界の他者に影響すると子どもは思っています。子どもだけでなく大人も、ある程度思考が万能的であり、何かを考えれば実際に何かを引き起こすと経験します。たとえば、ある人を殺したいと思うだけで実際にその人を害してしまったのではないかと恐れることがあるのです。

愛と憎しみの絶え間ない葛藤

クラインの仕事は、建設的衝動と破壊的衝動はいつも対立状態にあり、外界との関係においても、人の心の内面においても、ある種の緊張状態を生じさせる脅威となっているというフロイトの考えを裏書きしました。愛と憎しみを別々に分けておき、よいものや理想化された面とつながりを持ち同一化し、悪い性質を追い払い他人のせいにする。こうして愛する人びととの葛藤や私たちの内なる葛藤の痛みは、ある程度までは避けられます。たとえば、母親にまとわりついたり、コントロールしたり、わがままばかりを言う子どもがいます。このような振る舞いの背景には、その子どもが自分の母親への愛情を維持し、母親への怒りの感情や母親を失い恐ろしい状況で取り残されるのではないかという恐怖を寄せつけないようにしているということがあるかもしれません。

大人になると、もはやおとぎ話の登場人物を信じることはありません。しかし特にストレスに曝された時には、魔法の力を期待したくなる傾向は残っています。たとえば医者にかかるとき、良かれ悪しかれ万能の力を不思議なくらい信じて頼ろうとします。また人生における出来事を何かよく分からない、外的な力のせいにしようとします。たとえば神様のご加護があるとか、邪悪な運命に虐げられるとか、罰が当たったとか。それほど極端なものでなくても、人や人生の出来事を善良なものの現れであるとか、邪悪で迫害的なものの現れであると、見なしがちです。

ほとんどの人は、やがてもう少しバランスの取れた見方ができるようになります。しかし全部が素晴らしいか全部が悲惨か、白か黒かとはっきり分けることに、ずっとしがみつく人もいます。何事も〝ほどよい〟がなくて、素晴らしいか悲惨のどちらかになってしまいます。このまったく悲惨だという感情は、通常不満や不公平感をもたらします。

他の人にはあると思っている理想的なものが、自分のところにはないというのです。実際はそうなのかどうかを見つめる作業や、その恐れていた状況や失望させられる状況がどういうわけで起きたのかを見つめる作業はなされません。というのは、心のどこかに、素晴らしい理想的な状況があるに違いないという気持ちを捨て去らずに保持しようという動機が強く存在するからです。こうした気持ちを保持していることで、現実を受け入れる時につきものの情緒的な苦しみを持たずに済みます。それは、無知で無力であるという情緒から守ってくれるのです。つまりフラストレーションや自分や人の限界に直面したときに、私たちが自分自身の破壊性に気づかないように守ってくれているのです。愛する人を憎む気持ちが自分の中にあると気づいたとき、痛みに満ちた葛藤が生まれます。こうした理想的状況を信じる気持ちは、この葛藤からも救ってくれるのです。だから自分の貪欲な欲求や行動が相手を傷つけるかもしれないとか、配慮のなさが人を苦しめ悩ませる原因になるという不安を回避できるのです。もし愛と憎しみを別々にして置くことができれば、ですが。一方で自分が同一化する人には敬意や理想化を保っておいて、他方で、たとえば悪い教師や集団の蔑むべきメンバー（あるいは人種や国家）に悪を見て非難すれば、もっとも苦痛な内的葛藤をいくらか避けられます。しかし自分自身や自分のグループの理想化は、現実に直面すると崩れがちです。ますます否認するようになり、嫌な性質はすべて他者が持つことになり、ますます他者を憎むようになってしまいます。こうして、人間関係でトラブルが絶えない羽目になってしまうのです。新しい出会いがあるたびに、非の打ち所のない関係が持てるのではないかという希望が蘇ります。そうして、たぶん、錯覚を抱くようになり、次第にそれに幻滅していくという段階を経るでしょう。私たちの講座のグループの教師の一人は、自分が受け持ったクラスのほとんどが最初は行儀がよかったのに、やがては問題が噴出したと述べました。こうした状況では、ある程度の怒りが出てくることを想定したほうがよいでしょう。というのは、こうした受け入れがたい現実（たとえば、ほとんどなにも知らないことや、人が理想とは違うと気づくこと）を避けることに失敗すると、自分の怒りを発散するために誰かを責めようとします。つまり、自分の生きている世界が完璧なものでないこと、フラストレーションや疑惑や恐怖に耐えなければならないこと、私たちは自分たち自身不完全な人間であり、人の不完全さと折り合いをつけなければならないことを誰かのせいにしたくなるのです。

現実の認識は、ある程度、無意識的空想の影響を受けますが、それは常に実際に見たり聞いたりすることで吟味されます。ですから、親やその他の人が実際に子どもを世話することが極めて重要なのは、それが子どもが空想の中で持っている恐れを強化もすれば和らげもし、子どもが抱いている希望の感覚を強めたり弱めたりして、つまりは現実的な援助者としての親のイメージを与えることができるからです。このようなわけで、転移されるのは、乳児的な希望や恐れを越えたものです。それは、人が他者と交流していくなかで、心のなかに築き上げていく世界の全体像だといえるでしょう。外の世界のおかげで、子どもの希望の感覚は、強まるかもしれないし、恐怖感は軽減するかもしれません。人生の早期に人は、他者との親密な接触を通して人格構造を発達させます。このように父親と母親は希望を育み、頼りがいのある優しい大人を信頼するように手助けしていきます。しかし、もし子どものニーズがたびたび満たされず、放ったらかしにされるなら、子どもの希望の感覚は、損なわれていくかもしれません。そして大人は信頼するに値しない、頼りにならない、無理解だという考えがとってかわるかもしれません。子どもは、親やその他の人との経験を通じて、自分の破壊的行為にしっかりと持ちこたえる他者イメージをつくり上げ、破壊性を自分でコントロールできるようになるかもしれません。反対に、もし人生の重要な人物が病気や死でもろくも打ちのめされ、呑み込まれてしまうと、自分自身の破壊性は万能的な力を持つという恐れを強めてしまうかもしれません。こうなると自分自身のなかにある、どんな攻撃性も恐ろしく感じ、攻撃性を抑制しようとしたり、常に強い罪悪感に悩まされるかもしれません。あるいは逆に、厳しすぎて重荷になっている良心に逆らい、自分の破壊性に何の責任も持たないようになるかもしれません。子どもは生活のなかで出会う大人との経験を通じて、他者は実際、暴力的で人を利用するだけの存在であるという不安を強く持つようになるかもしれませんし、逆に自分や人に欠点があっても、人は基本的には他人のことを考えてくれるものだという信頼を維持するのを手助けしたりするかもしれません。

学習状況における転移

学校に通う小さな子どもも大人の大学生も、心の中の出来事と心の外の出来事との間の一つの相互作用だけで、関係性のパターンが造られているのではありません。むしろ無数の相互作用が、心の中でそれぞれの個人特有の関係様式として、少しずつ作り上げられたものなのです。新しい状況へと転移されるのは、内的な世界イメージ、そして自分と人の関係であり、人と人の関係です。この内的図式は、外的世界についての予測とつながり、R・ゴスリング（Gosling）が述べたように、（a）知覚の方法、（b）解釈の仕方、（c）行動の取り方という、三つの重要な点で現在に影響を与えます。（a）の一例として、母親を熱愛し、母親にとっても目に入れても痛くない子であるような男の子を挙げることができるでしょう。そのような男の子は、一生懸命になって何かを達成して賞賛されたいと感じるよりも、母親との間で起こったのと同じように、自分の魅力で先生を誘惑する方がいいと思うかもしれません。（b）の例として、父親が病気だった、ある女の子を挙げることができます。彼女は学校の先生が休みを取ると、いつも自分が先生に負担をかけすぎたからだと考えていました。（c）の例として、ある青年の例を挙げることができます。彼は、どうせ罰せられるに違いないといつも感じ、とんでもない振る舞いばかりをして、結局、教師は彼を処罰するような行動へと動かされてしまうのでした。

人を理解するのに、その人の過去をひもとく必要はないということを先に挙げた例は示しています。つまり観察力が鋭ければ、今ここでの自分自身や他者への行動や反応から、その人の考え方や信念を見抜くことができます。転移の要素に気づけば、私たちはその関係の性質を考えるゆとりを持て、もっと客観的な見方を得ることができます。そうすることで、たとえば思春期の子の媚びへつらったお世辞を真に受けて振り回される代わりに、自分がその時点でその子が待ち焦がれた夢の人物が具現化したものに過ぎないとか、その子の望んでいる錯覚を維持するために、バラ色の色眼鏡をかけて見られているだけだと認識できるのです。また学校に通う子どもが示す私たちへの愛や信頼感は、私たちが個人的に素晴らしいからというよりは、ほとんどは子ども自身の愛する衝動によるものであって、家庭でのよい関係で強化されて生じているということに、謙虚な気持ちで気づかされます。

同じように生徒の疑い深さや敵意も、私たちを怒らせようとか傷つけようという個人的な攻撃だと感じる必要はないわけです。否定的感情を向けても大丈夫なんだというふうに、教師を信頼している生徒もいます。なかには教師のよい側面に羨望したり、世話をする人としての教師を疑ったり、本物の否定的な転移を向ける生徒もいます。教師は、こうした生徒の違いを区別できる方がいいかもしれません。このような態度はすべて、どの程度生徒が心の奥深くに抱いている確信が新しい状況に直面するときに持ち込まれたものか、吟味してもいいのかもしれません。しかしながら、私たちの行動など、現在の状況のなかのどのような要因が、生徒の非現実的な恐れや希望を刺激しそれに合致してしまっているのかを慎重に考えなくてはなりません。過去の影響に気づくことは重要ですが、すべてが過去に起因するという意味にとるべきではありません。一人ひとりが新しい状況に何かを持ち込むとしても、子どもや生徒は、外的現実と接触できないほど重い心の病気になっていなければ、ある程度は現実を知ることができますし、何度も自分の実際の経験と先入観とを比べるでしょう。もし教師とのあいだで怖れや非現実的な願望とは違った体験ができるなら、生徒にとっては自分の世界イメージを調整し、新しい体験をもとにして育つという新たな機会となるのです。しかし私たちは生徒の思い込みに合致した型どおりの役にはまりがちで、生徒の内界で上演されている筋書きを演じるように強いられてしまいます。そのため生徒の期待が非現実的であればあるほど、期待に従わせるプレッシャーを受け止めて、操り人形のように振る舞わないことは大変なことですが、とても大切なことです。たとえば、理想化されていると気づいて、誘惑されないように頑張っている教師は、自分の欠点に耐え続けて努力する手本として生徒の役に立っています。というのも〝理想的な教師〟は同じように完全無欠であれと、生徒にいつも要求しているように感じられますから。同じように、どうせ罰せられるだろうと思って挑発的な行動にでる生徒は、だめなことはだめと毅然としながらも優しい教師に出会うと、そのような経験を自分の持つ懲罰的な権威という先入見と対比することができるのです。さらに重要なのは、生徒たちが私たちを役立たずと感じさせるときにも、完璧に落胆させせたという罪悪感や勝利感を持たせたままにしておくべきではないということです。私たちが勇気を持って困難に直面したというモデルは、生徒がいやなことにも努力し、徒労感に負けずに物事に取り組み続けられるために役立つでしょう。

今も力強い情緒が息づいて活発である限り、その情緒は新しい関係という状況のなかで変化しうるのです。子どもが目覚めている時間に多くを過ごすのは学校です。また生徒に強い影響力をもつ大人は、教師です。ですから学校や教師は、理想化や恐怖ではなく信頼を育む体験を与える大きな責任があり、そうやって個人の成長を促進させるのです。ここに二つの事例があります。学校体験が子どもの生育史や内的世界の一部として、どのように織り込まれたかという事例です。

（ｉ）私たちの講座の受講生の話です。講座の最初の会に遅刻するかもしれないと、彼女はひどく心配していたそうです。話が子ども時代の感情の起源に及んだとき、彼女は突然、そんなに心配になった〝理由〟に気づきました。中学校に上がったとき彼女は、学期が始まった数日後に登校したことを思い出したのです。やむをえない理由で、学校を休んだのは分かっていました。しかしまるで過ちを犯したように、クラスメイトからはからかわれ、女性校長からは不愉快な扱いを受けたのです。二日目に彼女が運動靴を忘れると、これもしっかりしていないからだと言われました。自分の惨めさを友人に話せるようになると、友人たちはあの〝素敵な〟担任の先生が戻ってきたら、きっと、うまくいくわよ、と言ってくれました。やってきたＢ先生は本当に親切で、家族や前の学校のことを彼女に聞いてくれました。こうして先生はひとりの人間として関心を持っていると彼女に感じさせ、過去と現在の体験をつなげる手助けをしました。新しい〝学校〟に遅れるという埋もれていた不安は、彼女が講座に参加したときに、改めて思い出されたのです。

（ii）あるクラスは、一年間に担任が三人も替わるという不運に見舞われました。このクラスは難しいクラスで、落ち着かず授業に集中しない男子が数多くいました。担任交代で生徒がどれだけ違った反応をするか、校長は注目していました。生徒の何人かは、担任が替わっても別に構わないと言っていました。「いい厄介払いだ。やっぱり、あの先生はよくなかったんだ」と言ったものでした。けれども出席はまばらになり、成績は悪化していきました。ほかの生徒はショックを受け、落ち込んでいるようでした。そして自分たちがひどい生徒なので、どんな教師でも持ちこたえられないだろうという心配の声を上げました。

この時点で、ひとりの主任教師が引き継ぎました。残りの年度を生徒と一緒にクラスに留まると彼が保証して、クラスは初めて落ちつきました。最初の頃に彼は辞めようと思いましたが、留まる必要があると考えを改めました。このクラスの特殊な経緯を考えると、困難に立ち向かう強さを持った頼りになる誰かをもう一度、子どもたちが信頼できるようにしなくてはと思ったからでした。生徒たちは本当に、よく勉強するようになりました。そして前の教師を傷つけ追い出した原因になったことを埋め合わせようとし始めたのです。年度の終わりについては、前もって十分に伝えておきました。そのため子どもたちは、また教師と別れることについて話したり、怒りや失望、そしてどの教師にも望まれないのではないかという心配を話せるようになりました。

第三章　教師から見た生徒との関係

はじめに

生徒の精神的・情緒的生活のなかで、教師の果たす重要な役割が分かると、教師がその関係に持ち込んでいる態度や期待を検証することが重要になってきます。教師が気づいているものもあれば、まったく気づかないものもあります。しかし、こうした態度や期待すべてが、（a）教師の役割の性質をどう考えるか、（b）生徒の行動について教師の気づき方、解釈や反応の仕方、（c）生徒からどう見られたいと思うかに深く影響します。教師が持っている信念や確信は、その教師の人生経験やその経験から学んだことの上に成り立っています。そしてそれらは、その教師が自分自身の教育に責任をもっていた人（教師だけではなく、家族やその他の指導者）に対して、どんな気持ちを抱いたかに基づいています。またこうした人たちの大人としての振る舞いをその教師がどう見ていたか、そして教育者として自分の仕事をどう遂行したか、といったことに基づいて築かれてきたものでしょう。もっとも重要なことは、教師の態度が、おもに自分の親や先生のよい性質への同一化に基づいており、基本的に子どもの努力や大変さを好意的に評価するようなものかどうかです。さもなければ反対に、自分の親や教師のよくない性質や自分自身の満たされない子どもじみた欲求不満に基づいてしまっているかもしれません。講座を受講する教師たちが自分たちの職業選択について、討論したときに出された発言について考えてみましょう。

「学校は楽しかった。特に文学の先生が好きでした。先生は英語に熱心で、私が成績が伸び悩んで悲観的になったときには、勉強を続けるよう勇気づけてくれました。でも怠けていると、厳しく叱りました。先生は大きな支えであり、あの先生のようになりたいと思いました」。

「学校が嫌いでした。あらゆるルールや厳しさに耐えられませんでした。教師になったら、私は子どもたちに好きなようにさせ、どんな権威に対しても反抗するように助けるでしょう」。

「とても厳しくしつけられました。我慢すること、言いつけを守ること、もし従わなかったら罰せられることが、家でも寄宿学校でも日常茶飯事でした。それが特に好きではありませんでした。でも私にとってよいことだったと思うし、この種の修養は、いまの子どもにとっても絶対よいだろうと信じています」。

「私の親は、成績だけを気にしていました。学校ではちゃんとやっていましたが、文学かぶれになり、人付き合いは悪くなりました。自分が教える生徒を、学力だけで判断したりはせず、ひとりの人間として意義があるのだということを示したいと思います」。

こうしたコメントは次のことを示しています。つまり講座を受講する教師たちが持っている教師としての熱意の大半が、敬服し尊敬し、また畏怖する大人への同一化に由来している場合もあれば、子どもへの同一化に由来している場合もあるということです。このように教師は、二重の見方で生徒に接しているのです。教師は、生徒を教育するにあたって、自分自身の教育に責任のあった大人の眼差しを通して、生徒を見ようとします。また同時に、子どもであるというのはどんな気持ちか、あるいは青年であるというのはどんな気持ちか、生徒であるというのはどんな気持ちかについて、自分の経験からある程度、知っています。そのため教師は、生徒が大人や教師に対してどんな感情をもつかについて、先入観を持つことがあります。さらに留意すべきなのは、教師は、自分自身が学校時代に教えられるという経験を通じて、教える側と教えられる側との**関係の性質**についての見方を形作っているという点です。これによってこそ、教師は教えるということとはどういうことかについての自分自身の考えを形成し、そして自分たちが受けてきたような教育、あるいは過去に受けたいと願っていたような教育を、次世代に引き継ぎたいと思うようになるのです。

教師の転移

以上のようなわけで、生徒に対する教師の関わりのなかの転移的側面には、いろいろな要素があります。

（一）教師自身の子ども時代の欲求、願望、恐れ、愛と憎しみ（前章参照）。これは一方で子どもたちへの共感を可能にしますが、他方で教師の不安を大きくするかもしれません。たとえば大人への関係が、大人の創造的な能力への強い羨望という特徴を持っているとします。そうなると同じように教師は、自分が教える子どもたちも、自分の教師としての創造性を攻撃し駄目にしようと願っていると恐れるでしょう。

（二）教師の心に取り入れられている大人の姿。たとえば強い大人、弱くもろい大人、責任を兼ね備えたある種の特権を持つ大人、他人に配慮せず自分の衝動にはしる大人など。

（三）大人と子どものつながりの性質。たとえば、わざと子どもを欲求不満にさせ、抑えつけ、辱めたりする大人と、反対に子どもを世話し、成長を育み、子どもの個性を尊重する大人。

私たちは、自分で自覚している希望や恐れを持っているだけではありません。自分がまだ知らない態度も、教育の現場に持ち込むものなのです。後者は私たちが持つ、人間関係についての内的イメージの一部を構成しており、私たちの知覚や行動に強く影響するでしょう。私たちは、乳幼児期の願望や態度をすっかり卒業してはいません。またそれらが個人的で親密な関係に、ある程度、入り込んでくるのは避けがたいのです。しかしそうしたものが、職業生活をできるだけ邪魔しないようにするために、それらに気づくように努力をすることが大切です。教師が自分の仕事にとりかかる際、それに伴う恐れだけでなく望みについても批判的に眺め、自分では気づかないかもしれない問題について話し合い続けることが必要です。生徒の精神的／情緒的成長を促進するような態度と、教師の子ども時代の未解決の葛藤に起因し、生徒が大人へと向かう発達をひそかに傷つけてしまうような態度とを区別する必要があります。私たちは必ず欠点を持っており、これから述べていく行動のすべての様相は、ほとんどの人にとって、当てはまる部分があるでしょう。

そのうえ私たちは、仕事やいろいろな状況で、いつもプレッシャーに曝されています。また生徒によっては、私たちのよくないところを引っ張り出そうとする者もいます。だから自分の性癖や弱点を知るようになることが、役立つでしょう。これは生徒にとって大切であるだけではなく、そうすることで私たちはより自由になり、自分の仕事でより成熟した満足を見出せるようになるでしょう。教師と生徒とのベストな関係は、両者の利益になるような関係です。親は子育てが課してくるチャレンジを通じて成長し、そのチャレンジを楽しみます。同じように教師も、たくさんの挑戦的な生徒に出会うという刺激を通して、精神的にも情緒的にも成長できるのです。しかし多くの場合、教師は仕事の要求にひどく疲れ消耗し、自分の成果に深く失望させられています。あるいは教師自身が、生徒の傷つきやすさや依存性を食い物にしている罪を犯している場合もあります。ですから仕事をするうえで特に過度に心配したり重荷に感じるとき、あるいは過度に道徳的であるとき、自分の行動を検証する必要があります。もし直面している問題について考える余裕や忍耐強さを見いだせて、そこからも学べることを知り、興味が持てれば、もっと苦痛で思い通りにいかない仕事でさえも、興味の対象となりうるのです。

教師の抱くさまざまな望み

知識やスキルを伝えること

教師の特徴は、知識やスキルを他者に伝えたいという欲望です。知識や才能やスキルは、自分に与えられた貴重な贈り物とみなし、今度は、他者にその恩恵を受けてほしいと願うのでしょう。ある教師は、知識やスキルのある自分たちは生徒よりもずっと楽だし豊かであると思ったと語って、このことを表現しました。たとえば読み書き計算力のような知識獲得の基礎的で本質的な力を、まだ習得していない子どもたちに無力さを感じ、可哀相に思ったのです。また別の教師は、文学や科学や自然の不思議、ある種の芸術で自己表現する能力のように、生徒の人生を豊かにするような思考や経験の領域を拡げてやりたいと切望していました。このような他者と分かち合うという寛容な気持ちと、区別されなくてはならないことがあります。それは自分が、生徒にとって何がよいかを知っていると傲慢にも考え、自分が「適切」だと思う方法で生徒に教示すべきだと信じることとです。たとえば、ある種の教師は、自分の科目、自分の専門技術の特殊な領域、自分たちの特定の方法、自分が賛同する理論こそが唯一、重要なものであるとか妥当なものであるという信念を伝えます。これは、人間の知識や真実や美への関心とはあまり関わりがない態度であり、弟子や後継者をほしがっているのです。かりに教えられたことに質問もせず受け入れるように生徒が強いられたとします。それは、よほど反抗心や自発性をもつ生徒でないかぎり、すべての生徒の探究心を押し殺し、一人ひとりの生徒の努力を邪魔してしまいます。そして経験に基づいて学んでいくことへの純粋な欲望を絶滅させてしまいます。

ある種の自己宣伝癖は（これは教師の一般的特徴ですが）、無害です。しかし教師によっては、これが最重要になってしまっている人もいます。たとえば自分が話し、見せびらかし、素晴しいパフォーマンスをすることが大好きな教師がいるかもしれません。そのような教師は、実際にも、生徒に自分が敬われ慕われることを求め、ヒーロー崇拝の対象となりますが、その過程で恐らく生徒に羨望を強く喚起するでしょう。危険なのは、教師が、生徒を科目自体への興味を拡げるように導かず、生徒の心が教師のスタイルを採り入れるような方に向けさせ、権力や地位を得るための装備として教師の知識を引き継ぎたいと思わせることです。長い目で見れば、教師を見る目のある生徒なら、教師は最初から自分の傲慢な自己イメージを押しつけることに関心があるだけで、学習を促進させることに本当に関心があるわけでも、一人ひとりの生徒を気にかけている訳でもないと気づくようになるでしょう。一方、教えることに伴う職業病のひとつは、どんなふうに教科を教えればそれぞれの生徒にとって役立つのかという興味も、教科に対する熱心さも失ってしまう可能性です。教えることへの期待や希望を失った結果、教師は同じことを繰り返し、生徒の頭に情報をたたき込むだけになります。そういった教師は生徒をうんざりさせ、学習とはただ骨が折れ、窮屈で、意欲的にもなれない課題だと思わせてしまいがちです。

生徒を成功させるために

生徒が望むべきゴールに到達できるよう援助することが、教師の目指すところです。実際、多くの教師が生徒の達成から大きな喜びを得ています。生徒の進歩を見ることの嬉しさに加えて、生徒が成功するよう手伝ったことから得られる満足があります。必要とされるときに援助すること、生徒が先の見えない状況で頑張るのを手伝うこと、困難に遭遇したときやり抜くように勇気づけることは、すべて教師に欠かすことのできない機能です。そういった行動と、試験や宿題の点数だけが重要な測定基準となる猛烈に競争的な態度を育てることとは、区別されなければなりません。生徒にとってテストは、必要な基準に到達することより、むしろ仲間を打ち負かし、一番になることであり、他の生徒より良いとか悪いとかであると体験されがちです。自分のクラスが達成した成績や合格実績にもっぱら興味がある教師は、生徒が学習そのものに興味を持つようになり、またお互いに助け合える仲間にさせるよりも、傲慢な野心や生徒間の競争を煽りがちです。このような場合、生徒の成功への願いは、自分自身が成功していると見られたい教師の欲求に由来し、生徒への理不尽な要求へと教師を駆り立てるのです。しかも生徒がうまくやっているときには、生徒たちは彼ら自身の権利として称賛してもらうよりも、教師の素晴らしい業績の結実として見せびらかされるのです。こういった教師は、スローテンポで自分の名声に大きく貢献しない生徒には関心を失いがちです。このような教師はまた、自分の学科やクラスには、もっと才能ある生徒が割り当てられるべきであるとか、もっとも予算が割り当てられるべきであるとか、特別な配慮で取り扱われるべきだと要求したり闘ったりして、同僚と非常に競合しやすいのです。

一人ひとりの子どもの成長を促進するために

教師のほとんどは自分の仕事が、教えることを越えたもっと幅広いものだと捉えていて、個人の成長を促すことに関わる教育者だと考えています。この点では、教師は親ととても似ていて、親を補足する機能があります。私たちの教師グループが望ましいと考えた特質は、良い親の姿でありたいという願いを反映していました。勇気づけ、自信を与え、寛容で、思いやりがあり、親切で、規律に対してきっちりしていて、生徒の幸福に関心を持ち、安全だけでなく思い切った実験的なこともできるように構造を用意することなどです。この関係性の親的側面の当然の結果として、私たちはまるで生徒が自分の子どもであるかのような経験をします。これは利点でしょう。愛や関心で、私たちは生徒を気遣い、心配しながら眺めるようになり、生徒の進歩を喜べるようになるでしょう。しかしこの親のような関係の質の内的イメージを注意深く調べ、自分の行為がどこまで自分の考えと一致しているのかを問うべきです。親機能を、発達の援助のひとつとして考えているでしょうか。それとも子どもを、自分のイメージにはめ込もうとしていないでしょうか。自分自身のスタンダードを子どもたちに課そうと思っていないでしょうか。あるいは子どもたちに、自分とは異なった見方、異なった適性や異なった価値観をもち、子どもの個別性を発達させるための空間を持つことを許しているでしょうか。こうしたサービスに依存している子どもたちに、独立した大人に成長させる構造を供給しているでしょうか。それとも生徒を子どもっぽい状況のままにいさせるように、仕組まれているのでしょうか。後者は生徒の強さの過小評価、つまり彼らはとてもデリケートな植物みたいなもので甘やかされなければならないのだ、という考えから生じています。それは他者に永久的に依存させようとする教師のニードから、いつも生じています。私生活が満たされていない教師は、特にこうした危険性を持っているでしょう。そのような教師は生徒からの愛を得るために、生徒にとって不可欠となるために、生徒に注意や贈り物を浴びせます。このような教師は、休暇のあいだは落ち込み、やがて愛着や感謝がやって来ないとがっかりします。またその教師は、とても所有欲が強くて、「自分の」生徒の尊敬や賞賛を得ている人（他のクラスの担任やその生徒の友人）への嫉妬をかすかに感じさせるかもしれません。

生徒に対して、努力や時間を惜しまず、どれだけやっても、まだまだだと感じる教師もいます。犠牲をいとわない態度と力量が本質的な親の性質ですが、教師が与えようとする態度は、「理想の親」として見られたい欲求によって助長されています。甘やかしすぎ、食べさせすぎ、教え過ぎによって、教師は誰かに愛され、自己満足と賞賛を浴びる人として、自分を目立たせるかもしれません。生徒の情緒的成長を手助けするどころか、その場合、教師は、実は生徒のなかの貪欲さや受動性や寄生性を助長しているのです。そのときには生徒は、避けがたい欲求不満と奮闘するように励まされるのでも、独立独歩を発達させる機会を与えられるのでもありません。ある教師は自分たち自身を完全主義者の旗印の下におき、暗黙のうちに他者もこの主張に従って生きるべきだと伝えます。そうした完全主義は、あまりにも厳しい要求として体験され、生徒の到達できる範囲をはるかに越えるので、かつて教師を納得させてこれたという自信が、生徒のなかで徐々に壊れていきます。こうした教師は、外的だけでなく内的にも、見習うのが不可能なモデルになります。もし「理想的な」教師と同じように「完全な」人であることが求められるのだとしたら、成長するという期待すら、いやで近づきがたいものになってしまいます。

生徒と友だちになること

思春期の子どもや若者を教えている教師は、友人としての役割が自分にあることによく気づくでしょう。教師は助言をあたえ、仲間意識や自分の余暇のための社会資源を教えます。教師がえこひいきをしないよう気をつけている限り、これは素晴らしいものです。また教師は自分のレクリエーションやプライバシーへのニードと同じように、自分が責任を負っている生徒のニードを心に留めておかなければいけません。そのなかで現実的に教師が提供すべき以上に、自分の時間やエネルギーを、誰か一人の生徒のために多く使っていないかを考える必要があります。教師の母性的／父性的な世話機能は、誘惑的な性質や、場合によっては犯罪的な性質さえあるような行為とは区別されるべきです。たとえばある教師は、薬物やタバコを吸う集まりのような青年期の活動に加わって、生徒と同じレベルで付き合っていると自慢したりします。ほとんどの若者には、これが失った若さを取り戻したい教師の願望であり、さもなければ権威的なものとして見られるのを避けようとする試みであると分かります。教師はそういった立場の者によく向けられる敵意や怒りを心配するあまり、こうした行為へとまさに駆り立てられているのです。そのような教師は、自分で処罰するのを避けるために、先輩教師や校長のところに生徒を送り込むことをするかもしれません。しかしこの回避は、すぐに卑怯で偽善的だと分かるでしょう。何が起こったか調べていく中で、最終的な処罰を施行するときに、教師が権威的な立場にある者と同一視されることは避けられないからです。

教師が肉体的に魅力的な学生に会うことは、よくあることです。性的に誘惑する振る舞いは、どんな年齢の子どもとの関係でも起こりうる、とても危険なことです。特に思春期の子どもや若者がいる所で仕事をする者には、問題となります。若者が教師に憧れ、一時的にのぼせることは自然なものです。ですから生徒が、教師に性的に魅せられる危うさがあることに教師は注意を払っておき、そのような状況を悪用しないことが一番重要です。自分が異性だけでなく、同性のメンバーにも性的な感情をどれくらい持ちやすいかを吟味し、コントロールしなくてはなりません。教師は誘惑に負けないように、誤解されるような行動をしないように、注意しなければならないでしょう。ここに一例があります。ある女子学生が、年配の既婚男性との関係で悩んでいました。彼女は大学の指導教官に相談しました。彼女の問題を解決する過程で、その教官は彼女を慰め、彼女の恋人の男性を訪問してその学生への不人情を叱りつけ、自分の車でドライブに連れて行き、たくさんの時間を彼女と過ごしました。すべてが善意で行なわれていました。しかしこの女性にとって教官の行為は、自分の問題に同情して関心を示してもらっているのではなく、前の恋人よりももっと魅力的な恋人として、教官が前面に出ることになるのです。そういうことにこの教官は無自覚でした。教官は、女性からの好意にいい気分にもなりましたが、怖くもなりました。そして職業上の境界線をいくらか踏みはずしてしまって、その関係から抜け出すのは大変なことだと気づきました。

生徒との関係で、その対象がグループでも個人でも、私たちは自分の行動に責任をもっています。そして彼らが成熟した態度を発達させ、思い遣ったり心配したりできる大人として、行動できるように支援する責任を担っているのです。これに対して、思春期に典型的なのは、その反対の極にあるものです。つまり、子どもじみた衝動性に身を任すことであり、官能性や思慮の欠如、そして羨望や嫉妬に支配されているようなある種の雰囲気があるのです。もし教師がこのことを認識したなら、これ以上その傾向に引きずり込まれたりしないように、また刺激しないように用心するでしょう。実現できそうもない曖昧な約束をしたり、秘密で禁断の冒険などを仄めかしたりして、興奮を引き起こすことはあまりにも簡単です。すべては、言葉やそぶりに微妙に暗示されるものです。『ミス・ブロディの青春』というドラマは、この種の相互作用の危険性を鮮烈にかつ悲劇的に描いています。

教師が抱くさまざまな恐れ

批判されることへの恐れ

教師の多くは、生徒の批判的なコメントのターゲットとなるのを怖がっています。教師が、自分がジロジロ見られる対象にされると思うのは、おかしなことではありません。教師の学問的な能力、身体的外見や振る舞いは、細かく吟味されていつも評価されていて、批判的にコメントされがちです。そんな状況があるので、教師の過ちや弱点が、長いあいだ気づかれないことは、ほとんどありません。ですから教師は、自分の欠点についてある程度の自己認識と、耐える力を持っていなくてはなりません。同時に教師は、三つのことを区別できる自信を持っていることが大切です。ひとつは正当と考えられうる批判的コメントであり、ひとつは悪意から沸き起こってくる批判であり、もうひとつは生徒自身の中にある好ましくない感情が投影されて起こってくる批判です。生徒の多くは、過ちを認められる教師に対しては、それまで以上の尊敬と関心を寄せます。また（教師の見せる）そのような誠実さは、生徒を勇気づけます。つまり生徒が自分についてある程度の耐性を身につけ、自分を正直に評価し、自分の犯した過ちから学べるようになるのです。しかし自分のどんな弱点や不手際にも弁解しすぎたり、認めようとしない教師もいます。すぐに生徒たちは、自分がそうした教師をやすやすと傷つけ、彼らの自信をなし崩しにできると気づきます。思いやりから、批判を控える生徒もいますが、押え込めずに、どんどんサディスティックになる生徒もいます。逆に教師が批判の対象にならないほど優位な立場になろうとする態度は、結構あります。どんな不都合なコメントも、攻撃として受けとめる教師は、仕返しをしがちで、生徒に対して非常に批判的な態度をとりがちです。もし教師がどんな批判にも耐えられず、他人にいつも完璧さを求めていると、生徒は教師や自分自身に対して正直で誠実な関係を築いていくことが難しくなります。

敵意に対する恐れ

たいていの人は敵意を恐れます。それはほとんど例外なく、敵意が個人的な攻撃として体験されるという事実にいくらかは由来しています。教師が生徒にとって憎しみの対象なのか。あるいは教師が生徒の苛立った感情を理解し、それに対処してくれる強さがしっかりあると、生徒が信じているのか。この区別は役立ちます。

ある種の欲求不満は学習にはつきものであり、そこそこの怒りは学習状況の重要な要素なのです。怒りを恐れる教師は、生徒に要求するのを避けようとして、生徒を不快な現実に直面させられません。これは生徒が、教師の誠実さを信頼することを損なうだけではありません。生徒の努力について評価が行き過ぎると、生徒がベストを尽くすのを妨げることがあります。また生徒は、職業的・社会的生活で成功し、創造的にみえる大人に対して、多少のライバル心や羨望を抱きがちです。怒りや羨望の表現におびえる教師は、そんな感情を（師弟関係という）特定の人間関係からただ追い払おうとします。そうすると生徒は、否定的な感情を押え込み、他の場所で、別の教師、あるいは学校の外の誰かに対して、その感情を表現せざるをえなくなります。もしもその感情に耐えてくれる対象が誰もいないと、どんな攻撃性も破壊的なものであり、あまりにも強いので誰にも取り扱ってもらえないという生徒の恐怖心を強めることになります。そうした生徒は、外で自分を表現することや勉強で達成することを妨げるほどまで、自分の攻撃性を禁じてしまうかもしれません。一方で、怒りをコントロールすることが苦手な生徒は、誰かが自分のことを真剣に受けとめ、制限を設けて、自分で自分の攻撃性を扱えるよう手助けしてくれることを期待して、ますます暴力的になることもあります。

コントロールを失う恐れ

教師は、さまざまな緊張状況に対処することを余儀なくされます。ひとりの生徒と教師自身との緊張状況、クラスの生徒同士の緊張状況、グループ全体と教師自身との緊張状況などです。教師は自分の堪忍袋の緒が切れることを恐れ、破壊的な生徒が他の生徒の勉強の邪魔をすることを恐れ、あるいはグループ全体が手に負えなくなることを恐れているかもしれません。教師は、厳しく制限しすぎるか、そうでなければ、ルーズさや無秩序になるほど甘くなることの間で綱渡りをしています。しっかりと自由を許容し、かつコントロールを失わないことは、多くの場合、きわめて難しいことです。こうした事情にもかかわらず、教師のなかには、自分が少しでも苛立ったり怒ったりするだけで、罪悪感を味わう人がいます。たまに堪忍袋の緒が切れたりすることは、人間にはありがちなことで、想像するよりも、普通は害は少ないのです。なぜ、一連の行為が人を怒らせたのか。それをあとからクラスや個人と一緒に話し合うこともできます。子どもをコントロールする唯一の方法は、厳しい制限をして、少しでも従わない兆候が出てきたら厳罰に処すべきだという意見の教師もいます。実際、処罰――鞭打ちでさえも――は、禊《みそぎ》ができるという理由で、生徒も歓迎することがあります。処罰を受けてしまえば、道を誤ったことについてそれ以上の関心を向けたり、良心の呵責からくる痛みに悩んだりすることが、もう必要なくなると考えるのでしょう。しかし自分が、なぜそのように振舞ったのか？　自分の行為が、他人にどんな影響を与えたのか？　このことをじっくり考えることこそが、まさに理解に導くのです。そして詰まるところ、この理解が、生徒の中に自分が犯した悪事を償いたいという願いを起こさせ、自分の有害な行動をコントロールする手助けとなるのです。過度に懲罰的な教師は、自分自身が残忍な存在になるばかりではありません。自分が受けた残忍な扱いを、自分よりも幼く、弱い他者に手渡す生徒を育てることになるのです。この場合、生徒がそれを選んでいるのではなく、むしろ内在化された苛酷で残忍な対象関係を表現しているのです。

教師が暖かく親密な人間関係を恐れていると、まったく違った状況が生じます。そういった教師は生徒に対して観念的なアプローチをしがちで、よそよそしい、距離のある態度をとりがちです。ひとつの要因として、教師が自分の性的衝動をコントロールできなくなるのを恐れていることがあります。その不安は、よく現実的にもなりうるので、軽視すべきではありません。よそよそしくしていることのもうひとつの理由には、生徒の問題を背負い込まされ過ぎないかという教師の不安です。他人の感情を進んで受けとめようとするとき、その人たちが抱えている落ち込み、心配、恐れを吐き出させるような態勢に、自分をもっていこうとします。他人のプライベートな生活や家庭生活での窮状や悲劇が、洪水のように語られるところに、自分の心を開いていきます。そのような（感情の）流出に圧倒されるのを恐れる教師もいます。また深く巻き込まれすぎて、自分や生徒が対処できないほどのものを引き受けてしまうと、恐れている教師もいます。そのためそうした教師は、いつも時間がないと言ったり、個人的な打ち明け話をされても、お決まりのアドバイスや励ましの言葉で受け流して、接触を避ける方法を見つけ出すのです。また生徒のことをいくらか知ると、その状況に積極的に介入して、変えることを期待されていると感じる教師もいます。しかし実際には、そうしたケースは稀なのです。ほとんどの場合、教師は生徒の話を共感と理解をもって聴き、生徒の情緒的な苦痛の助けとなるように自分を提供するだけで十分なのです。常にかなり過小評価されていることですが、そんなふうに重荷を分かち合うこと自体が、大きな慰めとなるのです。快く耳を貸すことで、教師は生徒に、自分は話を聞く用意があり、あなたが苦しい気持ちに耐えられるように、援助する人であると、生徒に希望をいくらか与えられます。もしも生徒のニーズが、教師が与えたり対処したりできる範囲を越えるときには、そのような援助を与える立場にいる人を教えてもあげられます。

教師が気づいていないかもしれない問題

親に対する敵意

欠点や不幸を自分の育てられ方のせいにして、自分の困難の責任は親にあると考えている大人がいます。そのような教師は、生徒の抱えている問題の理由を家庭に求め、たとえ親のことをじかに知らなくても、親に欠陥があったのだろうと想定しがちです。そうした教師は、たやすく親を批判したり責めたりします。そして生徒の言うことを、その生徒が認知した関係性としてではなく、現実のことを話していると受け止めてしまいがちです。親が教師によく知られていて、実際、とても難しい人であるときもあります。しかし親を敵に回して生徒の味方をすると、もっと家族関係をこじらせてしまいがちです。生徒がその状況にどう関与したのかを検討し、生徒が自分の行動に責任をとれるように援助していくことよりも、親を非難するのはずっと簡単なのです。親に敵対的な態度をとることは、子どもや青年が自己憐憫に陥り、深く痛手を負って家庭や広くは社会を恨む人になるように助長しがちです。また自分の惨めさの責任があると思う人に、生徒は復讐したいと思うかもしれません。親を責めることと、親にも問題があるのだと気づくこととの間には、雲泥の差があります。親も、持って生まれた資質のためか、あるいは親からしっかりとしたよいケアを受けられなかったために、成熟した大人になるのが難しかったのかもしれないのです。

生徒の親に対して教師が抱く敵意は、さまざまな形で表現されます。たとえば教師はよく「親を呼ぶ」と言います。こう呼ぶときは、すくなくとも親の来校を命令していることを意味します。また最悪の場合には、親は、義務を果たさないので、叱りつけるために来校させねばならないことを意味しています。親の多くが学校とコンタクトを取る気になれないのは、この種の態度なのです。親は責められたり、ダメだと感じさせられるのを怖がっているのです。親の多くは、「優秀で力強い」教師との関係では、いとも簡単に自分に落ち度があり、ダメなところがあると感じがちです。もっと対等に大人同士として、親が教職員と話せるように応援される必要があります。もちろん教師も、親に会うのを怖がっているかもしれません。よく教師は、親が、自分の子どもを託すには力不足だと思っていないかと恐れています。教師は生徒の親に対して、自分が子どもの面倒を見るほどしっかりした大人じゃないのではないか。まだお母さんやお父さんの真似事をしているにすぎないのではないか。そんなふうに教師をチェックしに来る、自分の親のようなイメージを抱いているのかもしれません。

親と張り合うこと

親とのあいだの未解決なライバル心は、成人期にまで持ち越されることがあります。そのためそうした教師は、自分の親よりもよい母親や父親になろうとするでしょう。往々にして、これは傲慢さや自分の理想化によるものです。もし教師にこの傾向が強いと、生徒の親と競い合うように刺激されるかもしれません。教師は自分が、生徒の父親や母親よりも賢く、思慮深く、優しく、寛大で、刺激的だと見せたいと思うかもしれません。そうして生徒が、理想的ですばらしい教師と、嫌いで程度の低い、ひどい親とを分割させたままにするように助長するでしょう。その結果、ひとりの人物のなかにある良い特性と悪い特性を見分けることを学び、他人の不完全なところを許し、自分の悪い側面を統合しようと努力するのを損なってしまいます。あるいは教師の誘惑が、（対立する）家庭と学校のどちらに義理を立てるかという激しい葛藤状況に生徒を投げ込んでしまうかもしれません。親を守るために、生徒は自分の学力にまでも影響するようなやり方で、教師に立ち向かおうとするかもしれません。

学校が子どもの養育に理想的な環境を提供しているというプライドをもつのは、稀ではありません。そのうえ教育機関は、子どもを育てるためにやってきた家庭の貢献を価値のないものと見なしたり、無視さえして、生徒の成長すべてを自分の手柄にしがちです。生徒を学校の所有物と見なすことで、教師と親のあいだに緊張関係が生まれ、協力しにくくなります。教師と親は、自分が生徒の成長に共に責任があることを認識し、互いに助け合うことが大切です。実際、両者には補完的な役割があり、子どもの教育に携わる喜びと重荷を分かち合うことが必要なのです。

子どもっぽい欲望への同一化

子どもや思春期の青年相手の仕事では、自分の人格の幼児的な側面が刺激されやすくなります。もし教師が、その側面をしっかりと考え取り組んできていないと、自分のすべての欲望が満たされ、どこまでも満足させられるべきだという生徒の欲望に同一化してしまいがちです。そうした教師は、たとえば生徒の「手取り、足取り、してほしい」という欲求に与して、生徒が自分でなすべき仕事のほとんどをしてしまいがちです。この教師は、生徒の幼児的な欲望に応じることは、生徒を甘やかし、生徒がもともと持っている能力を損なっているだけではなく、学ぶことが簡単であるべきだという自分の願望を満たしていることにも気づかないのです。同じように、親にとっての特別な子どもだったり、そうありたいと願っていた教師は、自分のお気に入りの生徒をひいきして、代償的な満足を得るでしょう。（クラスの残りの生徒は、教師が適切に対処できないことで、嫉妬の苦しみを味わわねばなりません。）この行動は、依存を助長させ、生徒が現実を把握するのを妨げます。彼らは、（上の学校や職場や社会的な場面で出会う人など）外的世界が、子ども扱いしていた教師とは、まったく違ったやり方で扱うことに気づくことになるでしょう。

教師が、どんな欲求不満も底知れぬ怒りの爆発を引き出すと不安がっていると、生徒を甘やかす傾向がさらに強化されるのかもしれません。もしも教師自身が、不満なときには暴力で怒りを表す傾向があると、生徒の敵意を恐れて、制限を課せられないかもしれません。欲求不満と折り合いをつけ頑張るように、教師が生徒を援助できない場合、生徒が現実を認識するのを阻害してしまいます。もしそれが薬物やタバコや過剰な飲酒など、現実逃避へと生徒を導くとすれば、きわめて破壊的なことです。

生徒の破壊的な側面との同一化

これまで破壊的な衝動が、まずは建設的な衝動から分離されることが、成長にとって不可欠なことを見てきました。しかし二極化が極端なまま維持されて、人格の破壊的な部分が、ついには優しさでコントロールされるようにならなければ、両者は永遠に分離したままになります。それが顔を出すと、抑圧されるか、自分のものではないと否認され、異物として取り扱われます。心がこんな状態の教師は、悪い特性を他人のものと見なして、それ（教師が他人の中に投影した悪いもの）と戦おうとしがちです。たとえば、羨望、嫉妬、怠惰の兆候を自分の生徒の中に見つけると、その特性に耐えて頑張ろうとせず、生徒をとても無慈悲に取り扱いがちです。生徒がその傾向を建設的に用いられるように、優しく、しかし毅然とした態度で援助しようとはせず、有罪宣告や処罰的な手段に訴えようとしがちなのです。その態度は、事態を改善するどころか、険悪で害に満ちた、破壊的な空気を残す結果となります。さらに生徒は、教師の不寛容な態度を内在化しがちです。その状況は生徒には、恥ずかしすぎて、気がとがめるので、生徒は自分の行為や感情に責任を負えなくなります。生徒は苛酷な良心の痛みから逃れるために、処罰されることを求めたり、自分で自分を処罰しようとするかもしれません。あるいは暴力的な行為で、その外的／内的拘束から逃れようとしたり、反抗しようとするかもしれません。

弟や妹へのライバル心と羨望

自分よりも年下の子どもや青年や大人のことは、多かれ少なかれ、（親の）関心や賞賛を競い合った弟や妹として体験され、自分よりも年長の人のことは、兄や姉のように思われます。兄弟や姉妹がいない人も、やはりそのように反応しがちです。そのうえ家庭内の赤ん坊や年長の子どもへの嫉妬や羨望の感情を、じっくりと考え取り扱う機会がなかったというハンディもあります。競争心がしっかりと統合されていないと、教師の生徒への接し方に深刻な影響がでます。たとえば嫉妬を受け入れられない教師は（自分の上の子どもは、絶対に赤ん坊に嫉妬したりしないと主張する親のように）、生徒に自分で対処させておいて、嫉妬が顕在化しても気づかないかもしれません。そんな教師は、生徒が（教師の）注意を引こうとする競争に対処できないでしょう。また年下や能力的に劣る生徒が、いじめの対象になっているのを看過してしまうかもしれません。嫉妬している兄や姉に教師が同一化していると、生徒に対して独裁者のような態度を取ったり、年下の子どもが「負け犬」になることに与してしまうかもしれません。あるいは教師が年長の生徒の嫉妬を怖がりすぎると、新しい生徒が、クラスの定着したメンバーの中で自分の居場所を見つけられるようにサポートできないでしょう。

教師が羨望しがちだと、次のような台詞でまとめられる態度が表れてきます。すなわち、「私にとって良かったことは、生徒にも良いはずだ。生徒がそんな良いものを簡単に手にしていいわけがない」。このように教師が羨望しているのは、たとえば身体的魅力、若さ、情熱、知力、芸術的センスなどのように、特定の資質かもしれません。羨望しやすい教師は、真に才能が伸びるのを押さえようとしがちです。あるいは生徒が、まだ自分と張り合うほどの相手でない、あるいは、自分と互角の力はない間は、才能ある生徒をサポートするかもしれません。しかし生徒がうまくいった途端、教師は、たとえば生徒の欠点を指摘したり、まだまだ未熟だと仄めかしたりして、巧妙に生徒の士気をくじこうとします。またこのような教師は、生徒が世に問うて、ひろく認められる機会を邪魔しようとするかもしれません。もちろんこうした傾向は、他の教師たちに対する態度にも表れます。このような教師は、他の教師たちの良い資質よりも、欠点を強調しがちです。そして羨望を感じる同僚に対して生徒が抱いている愛情や憧れが、枯れていくのを願うのです。

第四章　学ぶことの情緒的側面

これまでの章では、教師や生徒といった立場にいる人びとが抱きがちな願望や恐れについて、その由来を明らかにしてきました。そこで本章では、学ぶというプロセスそのものに注目してみたいと思います。さらに、学ぶことを促進するような心的態度を提供し、維持する教師の機能についても検討したいと思います。生徒と教師は学ぶという課題と取り組むために出会います。しかし、これは、取り組む教科それぞれのむずかしさだけでなく、学ぶ状況そのものが喚起する情緒という面からも、とても複雑な課題だといえます。

学ぶことと精神的苦痛

積み木の塔を積み上げる保育園児たちを観察してみましょう。たとえば、ある男の子が、一つの積み木の上にもうひとつの積み木を乗せようとしても、すぐにくずれてしまいます。もっと注意深くやってみるようにと先生に励まされて、もう一度試みます。そしてうまくいったことに興奮して、もっともっとと積みあげていきますが、最終的に倒れてしまいます。子どもによって、この状況での反応はさまざまです。ロバートは、ここで泣き始め、やがて漫然と別の玩具の方に向かいます。マイケルは、次にもう一度塔を建てるやいなや、倒れる前に、わざと叩き壊してしまいます。まるで彼は、自分がやろうとしたことができなかったのを認めるよりは、むしろ、始めから自分の意思で積み木を倒すつもりだったといわんばかりです。また別のときには、積み木が自然に倒れると、彼は積み木を打ち合わせ、怒って部屋のあちこちに撒き散らかします。ティモシーは、最初の失敗の後、積み木のサイズや位置をもっと丹念に調べ、なんとかいくつもの積み木を安定して積み重ねることができるまで、何度も繰り返し試みます。

この保育園で観察されたのと同じような振る舞いが、後々まで残るとすれば、これらの子どもたちについて学校の通知簿でどのように記載されるか、想像できます。ロバートは諦めやすく、イライラしがちで、気が散りやすいと言われるでしょう。マイケルは、完全でないとすべて上からぐちゃぐちゃに書きつぶしてしまうため、ノートがいつも乱雑だと評されるでしょう。批判に耐えられず、物事が思うとおりに行かないと攻撃的になると言われることでしょう。ティモシーは、集中力があり、課題に対して丹念に、辛抱強く取り組めると報告されるでしょう。子どもに認められるこのような決定的な違いは、何らかのスキルを習得する際につきものの、成功できない時の反応の仕方にあります。ロバートはやけになり、マイケルは事態をコントロールしようとして、怒りっぽくなります。一方、ティモシーは、経験を通して、遊んでいる物の性質やその関係性について、もっと好奇心を抱くようになります。別の見方をすれば、ティモシーは問題に取り組むために、希望の源を自分自身の中に見出せます。しかしその一方で、ほかの子どもは、欲求不満や無力感に圧倒されてしまうと言えるかもしれません。ロバートは課題を投げ出すことで、この感情から逃れようとし、マイケルは、自分がコントロールできると感じられるように、状況を操作しようとしていたのです。学ぶことは、いまだ知らない状況や、目指していることを達成できない状況で生じます。したがって、不確かさや、ある程度の欲求不満や失望をともなうことになるのですが、この体験は苦痛に満ちたものです。それが持ちこたえられないほどのものであれば、ロバートのように避けようとするかもしれません。またマイケルのように、万能感と怒りで対処することになるのです。

成長するにつれて、振る舞いはもっと洗練されたものになっていきますが、困難な学習状況に直面したときに私たち大人が取る基本的な態度は、ここに挙げた子どもと非常に似ています。私たちは時に、不確かなものに取り組むのを避けようとし、単純な答えを求め、欲求不満に怒り、努力するのを簡単に放棄してしまいます。教師のための講座のメンバーが、第三回目のセミナーで語ったことに耳を傾けてみましょう。「蜜月」期間は二回目か、遅くとも三回目までには終わってしまうことが分かります。その頃までにグループは、講座が提供する事柄についての現実や、これから学んでいく主題の複雑さに直面しはじめるのです。そして欲求不満や失望が前面に出てくるのですが、それは以下のような言葉で表現されます。

「こういったことはとても興味深いんですが、私が知りたいのは、クラスにいる破壊的な生徒をどう扱っていくかということなんです。それはいつ話してくれるんですか?」

「教育者としての仕事は、問題のある子どもたちを、まともにするということですよ。だから、どうやったら、それができるのかさえ教えてもらえたらいいんです。」

「私たちは本当に、いろんな背景をもった子どもたちを受け持っているんです。どうしたら、こうした子どもたちの家族を変えることができるのかを知りたいんです。」

「私は仕事がもう手に負えなくなっていて、退職すら考えています。クラスが騒々しくなるとお手上げで、取っ組み合いを続けさせるか、やかましい子どもたちを校長のところに連れて行くしかないんです。」

「辛抱強く、優しくなりたいんですが、たまには堪忍袋の緒が切れてしまうんです。どうして自分が、ある種の子どもたちにこんなに動揺させられ、苛立ってしまうのか、知りたいんです」。

ここには、なぜなのだろうと問い、起こっていることを理解しようとする声が一つしかありません。グループのメンバーの大半が、性急な行動に走りたがっているようです。私がまず子どもたちの行動の意味を理解する必要があるのだと言うと、「こちらの注意を惹こうとばかりする子どもに、どう対処すればいいのか、直接的で現実的なアドバイスはまだ何ももらっていません」といった不平が、ますます大きくなるのです。教師が対処しなければならない大変難しい子どもたちと、多くの憂慮すべき状況――暴力、自殺企図、怠学・非行傾向の少年少女、学習したがらないか、学習できない子どもたち、絶えず教師の注目を要求する子どもたち――に関する事例が次々に挙げられます。まるで、生徒と教師の間にある関係性を理解することよりも、むしろ即時的な解決方法こそが求められているのだということを私に納得させようといわんばかりです。悲惨な状況にいる子どもや、恵まれない子どももいれば、ただ厄介者といった感じの子どももいます。しかし教師は、自分が受け持つクラスの子どもだけに悩まされているのではありません。両親から（また自分自身からも）、教師とは子どもを成熟した人間に育てる全責任を負い、何か魔法でもかけて、子どもを変えることを求められているのだと感じているのです。なかには早く学校をやめたいと思っている子どももいますが、社会は子どもが規定の年数のあいだ学校に通うことを定め、そうすることを求めています。教師はそうしたプレッシャーも受けているのです。高等教育審査委員会（ＥＢＨＥ）の要請は、教師には厳しいカリキュラムを、子どもには達せねばならない学業水準を強いています。

教師の話を聞いていて、分かってきたことがありました。彼らは（教師という）役割の不安からくるプレッシャーのためにこの講座に参加しており、自分が身を置く苦しい状況から素早く救出してもらえるのではないかという希望を持っているのです。彼らは、立ち止まって、生徒や自分自身の感情を見つめ、耳を傾け、考えたりすると、コントロールを失ってしまうのではないかと恐れているのです。そして他者の実際の体験から学ぶよりも、むしろ人間について学ぶことを望み、どうすればよいかという教示を求めているのです。講座のメンバーの発言の中に、たった一つだけ、学ぶこと／教えることとの関係性の性質について探求しようとし、「子どもがこんなふうに振る舞った場合、自分はどうしてこんなふうに感じるのだろう」と問いかける発言がありました。この声こそが、ある種の子どもをどう援助するのかを見出せることにつながっていったかもしれません。しかしその唯一の声は、即座の回答を求め、直面する人間的な体験であるはずの〝積み木〟を、操作したりコントロールしたりする何らかの方法を得ようとする他の多くの声にかき消されてしまったようでした。実際、目の前にいるグループのメンバーを見れば見るほど、教室の子どもを（ずっと穏やかな程度ではありますが）なんとよく反映していることかと思うようになりました。グループは落ち着きをなくしていました。退屈そうな人もいれば、遅刻してくる人もいます。（講座への参加を）辞退したいと言いだした者もいました。また落書きをしたり、おしゃべりをする人、公然と私に対する怒りを表現する人もいます。私のことをうっかりと間違って「Windy（口先ばかりの）berg先生」と呼んだ人がいたときには、部屋中にクスクス笑いが広がりました。さすがにこのときには、不平や中断のみならず、あざけりにも耐えねばならない教師として、私に共感する人もなかにはいました。そして「先生がどんな気持ちでおられるのかお察しします。周囲が敵対的だと、私もまるで自分が完全に粉砕されたかのように感じるんです」と言った人もいました。

私は実際に、前述の話し合いの間に自分が考えていたことを吟味してみたのですが、それをここで再現してみることが、教師の心の中に掻き立てられるプレッシャーの性質や強さを理解するのに役立つと思われます。こうした自己観察は、そこに起きているパワフルな力動や、教師にかかるストレスを理解するのに役立つと思われます。こうしたストレスは、観察される事実について生徒が考え、何かを学ぶことを助けるように努め、性急な行動に駆られてしまわないように頑張らなければならないことからくるものなのです。私が体験した一連の感情の状態を描写してみましょう。まず感じられたことは、挙げられた質問に即時的な回答を与えるなどして、グループの要求に応えうる何かを提供しなければならないという、やむにやまれぬプレッシャーでした。教師たちが抱えている問題（そして私自身が教師グループとの関係で直面している問題）を解決しうる情報や、はっきりした行動指針を示すようにとせき立てられていると感じていました。そうしないと事態は混沌となり、グループをコントロールできなくなってしまいそうでした。あらゆる破壊的な現象に対処できるようにする、そんな包括的な秘策など提供できないことは分かっていました。しかしその一方では、少なくとも、人間の行動について説明する素晴らしい理論的陳述でもしなければという気持ちに駆り立てられていたのです。聴衆からの息もつけぬほどの賞賛や喝采に支えられて、万能感という細いロープの上で精神的アクロバットとでも言うべき高さにまで乗り上げ、空中ブランコのような行為をすることは、気持ちのよいものだったかもしれません。

しかし心の中を探索すればするほど、自分が期待されている高さにまで登れないのではないかと、不安になるのでした。私が知っていることやできることは、そこで求められていることの足元にも及ばないように思えました。これまでに読んだ本や、他人の示唆に富んだ講義に思いを馳せ、どうしたら次のセミナーに使えるだろうかと考えるのです。たとえ今回はまずい演技でなんとかお茶を濁すことができたとしても、です！　この時点で私は、自分が求められていることができない、全くの役立たずで、最後までやり通すだけの資質も力もないのに講座を受け持つ、そんなペテン師だと考える人に、内心、同意していたのです。私はこれからの数回のセミナーを、メンバーの要求に応えられる人に代わってもらえるように、頼むべきではないかと考え始めていました。このように、私はまず、グループが求めている理想に近づこうとし、そのあとで自分がまったく不適切だという感情に落ち込み、ついにはその不快な体験から逃げ出すことを望むという、上昇・下降の螺旋を辿っていたのです。これらの感情はすべて大変リアルで、不安やパニック、絶望感も伴っていました。

いかに限界があるとはいえ、自分には知識と経験があって、教師のディレンマを理解するうえで役立つ何か、すなわち行動を観察し、その意味について考えられる。そういう考えを維持するのは大変なことでした。そこには、他者が自分に与える情緒的インパクトを観察し、その関係性を理解して貴重な手がかりにしていくことも含まれていました。この認識のおかげで、逃亡したい願望やグループの要求に屈せず踏み留まれるようになりました。そして今ここで起こっている体験を考え、グループと自分の間に何が起こっているのかに関心を向け、そのために必要な心的スペースを持てるようになりました。こうして、自分の中に引き起こされた感情と、グループの両方を観察することが、探索の焦点になっていったのです。それでもやはり私は見知らぬ土地を旅し、迷子になったような当惑を感じてはいましたが、少なくとも自分を方向づけていくために、多少の装備がある状態にはなっていました。次第に、状況の意味が明らかになってきました。私は、教師が仕事中に味わう苦痛のいくらかを味わわされることになっているのでした。彼らの行動、話し方や振る舞い、不可解で脅すような場の雰囲気は、私へのコミュニケーションであり、それらは次のようなことを私に教えてくれました。すなわち学習にはつきものの不確かさや欲求不満に直面した時に、要求がましく、辛抱できず、攻撃的になる生徒の集団を前にして、自分の知識や考える能力を保つことが、どれだけ困難なことか。批判やあざけりに直面すると、どれほど傷つくのか。退屈や拒否に会うと、どれほど意気消沈させられるのか。また混乱や暴力に脅かされると、どれほど恐ろしいことか。こうしたことが伝わってきたのでした。もし教師が生徒の期待に沿わなければ、こうした隠れた圧力（批判、あざけり、退屈、拒否、混乱や暴力）を、噴出させることになるかもしれません。こうした方法で、教師グループは「これが、われわれが日々耐えねばならないことなのです。さあ、あなたが難しいクラスにどう対処するか見てみましょう！」と言っていたのです。私はこれが意図的に、あるいは彼らが意識的に決めた結果、そうしていたと言いたいのではありません。それは彼らの体験の結果として、現在抱えている苦痛な状況を、私との（転移）関係の中で再現していたということに過ぎません。このように苦痛に満ちた感情は、もっとも直接的でとても効果的なやり方で伝えられていたのです。私が絶望に陥ったり、仕事から逃げ出したり、あるいは厳格な教授法を採用したりグループをコントロールすることで反応するのではなく、その不安に耐え、考え続けることができるのかどうか。こうしたことについて私の力量を試すテストだったのです。自分が教師として扱わねばならない事柄をこうした形で私に示すとともに、この講座で学ぶという状況の中で、彼ら自身がいま・ここで味わっている大変さも表明していたのです。このようにして、私たちは学ぶ者に押し寄せるさまざまな不安の性質について知る機会を与えられました。それは、分類されていない体験の〝積み木〟を前にした混乱や混沌といった恐れ、知らないことと向き合う心細さ、自分が不適切なのではないかという恐れ、他人と比べてバカだと評されるのではないかという恐れなのでした。同時に分かることは、この不安のために、学習者がいかに即効的な解決法をもらうことや、教師に回答を要求することへと駆り立てられるかということです。そうすることで、さまざまな不安に終止符が打てるからです。たとえ単純な回答がもらえる時でも、それを当てにしていると、好奇心をもったり試行錯誤したり、探求したり、データについて考えたりする機会を失わせてしまいかねません。

また学習者が体験する苦痛が耐え難いと、それが教師の中に投げ入れられるのも見てきました。受け取った教師は、不適切で、不安で、愚かで、心細く、混乱していると感じてしまいます。そして生徒の代わりに教師のほうが、そこから何としても逃れようとするかもしれません。無知に対する恐れには、めまいがするほどの理論的知識を並べ立てる。無能さを感じることには、力を誇示する。カオスへの恐れには、担当教科へ厳密にアプローチし生徒を厳格に管理する。そして不適切や屈辱を感じることには、自分の優位性を示し、教師は生徒に自分がちっぽけだと思わせる。こんなふうにこうした気持ちに立ち向かうかもしれません。もし、教師が自分の中に生じる強力な感情のために、生徒がストレスから逃れるのを助けたり、生徒の中に不安を押し戻したりして反応すると、悪循環ができ上がってしまいます。これは、精神的苦痛に対する手っ取り早い解決法ではあります。しかしその解決法は、学ぶことに付いて回る不安を回避しようとするものです。そういう教師は実際には、生徒に考える力が育つのを邪魔しているといえます。

五感が集めたデータすべてを取り入れ、そこに何らかの意味あるパターンが浮かび上がってくるまで、じっくりと探索し、分からない状態に持ちこたえた時にのみ、真の学びや発見が起こりえるものなのです。詩人のジョン・キーツは、「事実と原因に性急に達しようとすることなく、不確かさや疑問」に耐える能力について述べ、「負の能力」と呼びました。他者を理解しようとするなら、私たちは知らないという状態から始めなければなりません。観察し、耳を傾け、言語によれ非言語によれ、他者からもたらされるコミュニケーションを受けとめる。そこから何かを発見するということへの興味からはじめる必要があるのです。それが児童の発達や養育についてであれ、人間行動学の理論であれ、私たちは先入観から脱却するように努力し、個人についての風聞は無視するように努めねばなりません。生まれもった性格の悪さとか、悪い環境という観点から生徒の行動を説明して、自分の側の不確さをやりくりしないことが肝心です。先入観は、自分自身の体験から実際に発見した事柄を、見えなくしたり、聞こえなくしたりさせがちです。受容的で、心を開いていると、自分にかなり強力な感情が向けられていて（投影され）、自分が受け手になっていることに気づくでしょう。また自分の中に呼び起こされる感情は、どんな性質なのか。それが（その場の）関係性について、どんなことを物語っているのか。こうしたことに興味を持つようになっている自分に気づくかもしれません。

苦痛を持ちこたえることと経験から学ぶこと

これらは、メラニー・クライン（Melanie Klein）とウィルフレッド・ビオン（Wilfred Bion）という精神分析家の業績の中心的な主題です。ビオンは、個人とグループを対象にして分析の仕事をしてきました。そのなかで彼は、自分が感じさせられているものは、実は個人やグループが苦痛を耐え難いと感じている、そのパーソナリティの部分なのだと気づきました。簡単に自分の問題を捨ててしまいたいと思って、他人の中に投げ入れる人がいます。ある人を自分の感情のゴミ箱にしてしまうと、今度はその人を恐れるようになるか（ゴミを投げ返されるかもしれないという恐れ）、あるいは今やその人がゴミそのものになったかのように、軽蔑的に扱うかもしれません。しかし自分の苦悩が理解され、自分がそれに持ちこたえるのを助けてもらえるかもしれないという希望を持って、受容的な人に自分の苦悩を伝えようとする人もいるでしょう。ビオンは、感情を他人の中に生じさせるという現象は、メラニー・クラインの投影同一化の理論が納得のいく説明をしていると述べます。つまり自分のパーソナリティの一部を分裂排除して、他者の中に投げ入れるという（無意識的）空想があるのです。ビオンは、この精神機能は、不安や葛藤を引き起こすパーソナリティの部分を伝えたり、投げ捨てるために使われると言います。このメカニズムは、空想の中で働くだけでなく、実際に、結果として受け手から望みどおりの反応を引き出すような行動様式となります。ビオンは、人生のはじめから、赤ん坊が母親の中に自分がもっていたくない感情や、母親に感じてほしい感情を抱かせる行動をとる力があると信じていました。この行動で、母親は赤ん坊を理解でき、ニーズに添って応えることができるのです。このように他者のコミュニケーションを受け入れるためには、相手の感情に触れていることが必要です。相手の感情に気がつかなければ、適切な手がかりを見落とすか、歪んだ形で認識してしまいます。一方、不安の受け手になっても、その状態に持ちこたえきれないと、自分の中に投影された感情に圧倒されてしまうかもしれません。

このようにして相互作用を見ると、明らかになってくることがあります。つまり生徒や生徒集団が与える印象は、実は生徒が私たちに抱いてほしい種類の感情かもしれない。そういうことに気づかせてくれるのです。この感情は、理想化や尊敬をはじめ、あらゆるポジティブな関係性の側面を表現していることもあります。しかし私たちに預けられる感情の多くは、よるべなさ、混乱、パニック、罪悪感、絶望、あるいは抑うつなど、相手が耐えられないか、自分だけでは保持しきれないような感情です。人は、こうした感情を抱く自分を、助けてくれる人を必要としているのです。この苦痛に満ちた感情が他者に受け止められ、理解されることで、人はそれを直視できるようになり、耐えることもできるのだという希望が与えられ、成長や発達が促されるのです。これは、ほど良い母親が、わが子のために果たす役割です。D．W．ウィニコット（Winnicott）は、乳児の精神発達を促進するためには、乳児が母親に身体的にも情緒的にも抱きかかえられる必要があることを強調しました。そうすれば乳児は、自分で不安に対処することを学ぶことができるだけの、時間的な猶予を与えられるのです。

クラインは、乳児の複雑な精神生活について解明し、乳児には、自分の生来の破壊的な要素に持ちこたえる（contain）能力に限界があり、そのために攻撃性や不安を投影できる母親の存在が必要であることを明確にしてきました。こうして彼女は抱きかかえる機能の情緒的な中身を明らかにしてきたのです。母親が、自分の中に投げ込まれた苦痛に圧倒されず持ちこたえることで子どもが恐れる破壊的な気持ちや不安を受け入れる器（container）として機能する、とクラインは述べています。母親が子どもに優しく応えつづけることで、子どもには、自分の中にある恐ろしい部分を、バラバラにならず抱える力のある人がいる、と伝えることになるのです。子どもは、自分の不安や攻撃性や絶望が受け止められ、包み込まれることに気づくことで、自分が恐ろしいと感じ、あるいは拒絶したい側面と共に生きられる人が実際に存在すると、情緒的次元で理解できるようになるのです。そうして自分のその部分は、万能ではないと感じられ、恐ろしさが減っていきます。つまり愛情や思いやりが和らげてくれると感じられるのです。こうして乳児は、もっとも痛ましい状況から脱していきます。不安が和らげられると、乳児は、受け止める器としての母親（container-mother）を内在化でき、自分自身の中にある側面を自分で抱えられるようになります。そうして乳児の内的世界はより扱いやすく、豊かになっていくのです。

W．D．ビオンは、器としての親の行為に、考える人としての機能を付け加えました。つまり、ただ世話をしたり、心配したりする能力だけではなく、さまざまな感情について、考え、明確にし、区別する能力です。ビオンは、〝思い巡らすこと（reverie）〟と名付けた母親の想像力に満ちた内省が、母親をして、乳児の体験のさまざまな要素に意味のある結びつきをもたらしめるのだと言います。彼は、考え（thoughts）と、考える人（thinker）を区別しました。乳児は、早期から身体的体験と結び付いた無意識的空想、すなわち一種の原初的思考過程をもっています。しかし無意識的空想が圧倒的に苦痛で、混乱し、どうすることもできなくなると、排泄してしまいます。このような体験にただ耐えるだけでなく、精神的に消化して意味を与え、考える人になるために、体験の性質を整理し明確にしてやることも親の機能です。そうなると乳児は、感情の器を内在化するだけではなく、考えを保持できる心も内在化します。自分の苦悩が他者に理解され、解毒してもらうという体験をくりかえした人は、次第に自らの情緒的苦痛により一層持ちこたえることが可能になり、完璧に圧倒されてしまうことが少なくなり、自分の体験について考えられるようになるのです。一方、感情を理解されない体験が継続的に起こると、広大で果てしない不安、ビオンが言う「名付けようのない恐怖（nameless dread）」を心の中に取り込んでしまうことになるでしょう。乳児の心が意味づけられない不安の重荷を扱いかねると、感情や空想をさらに排除せざるをえず、その結果、心は無思考のままにされてしまいます。

このクラインとビオンがもたらした理論は、すべての学ぶプロセスでの情緒的要因を理解するうえで、とても大きな意味があります。教師の仕事は、親の機能に似ていると考えられるでしょう。つまり、ストレス状況にある生徒の過度の不安に対して、一時的な器として機能するわけです。教師は、学ぶことにつきものの精神的苦痛を自分自身体験しつつ、それでも混沌に直面しても好奇心を、未知の恐怖に直面しても真実への愛を、絶望に直面しても希望を維持する手本であり続ける。これが重要なのです。そうできたら教師は、学ぶことにつきものの不確かさに耐える能力を育む状況を生徒に与えられるのです。ビオンの精神生活と人間の相互作用の理論に従えば、ベストな状況では、学ぶことは継続的で相互的な過程であるという考えに至ります。生徒の観念や思考は、ことに生徒が消化し切れないほどの知識に圧倒されているときに、それを秩序づけるサポートをする教師によって育まれます。準備した答えを与えるのではなく、データを参照し、考える教師の能力で、生徒は「考える人」を内在化できるようになります。すると生徒は新たな考えや意味づけを見出していくことになり、教師は、自分の教科に関する新たな思考の化合物がもたらされることになるでしょう。新しい生徒、新しいクラスにこころを開き続け、知らないことを探索し続けるなら、生徒と教師と課題との三者の関係は、厳しくても、ワクワクするような体験になり、ずっと学び続けられるようになるでしょう。子どもが親に与える豊かな学びの機会とそっくりなのです。

有益な関わり

ふたりの人間の有益な関わりについて、もっといろいろと詳しく考えてみましょう。

注意と観察

最初に必要なことは、自発的に注意を払うことです。何がコミュニケートされているのかを感知するために、聞く、見る、そしてあらゆる感覚を総動員するのです。行動のどんな細部も、意味をもっている可能性があります。姿勢、歩き方、服装、顔の表情、声、またしゃべり方、何を言って、何を言わないのか、もです。すべてが、その人がもつ関係の性質、こころの状態についてなにがしか語ってくれます。教師にとって、大きなグループを観察するのは大変なことです。しかしある程度の期間が過ぎれば、グループ全体だけではなく、クラスの一人ひとりの生徒の行動の特徴にも気づくようになるでしょう。教師は、しばしば自分が思う以上に気づきを持っているもので、ほかの教師たちと話し合えば、それまで意識下に蓄えられていた情報が引き出されることもあるはずです。それが、次の機会に、生徒の行動のさまざまな面にもっと注意を払うきっかけにもなるでしょう。なんの面倒も起こさず、隅っこに静かに座っている抑うつ的な、あるいは引きこもったような子どもは、騒動を起こしている子どもと同じように、あるいはそれ以上に緊急に検討され、援助を受ける必要があるかもしれません。

こころが開かれていることと、受容的であること

私たちは、日々の体験から、自分が他者の気分に影響されることを知っています。他人の憂鬱に影響されて沈み込むこともあれば、集団の快活さや笑いが伝染することもあるでしょう。実際にうつるとか、まさに自分の中に入り込んでくるとか、あるいは乗っ取られるなどといった表現を選びますが、これこそが、私たちが情緒状態についてどう考えているのかを示しているといえましょう。そういう感情は、ある程度までは電流のように、見えないまま受け渡されます。その影響を受けて初めて、そのことに気づくのです。ふつうは他人が自分をどのような気持ちにさせるのかについては語りません。自分の反応が非合理的で、何か自分に個人的な弱さがあるのかもしれないと恐れるからです。しかしこのことは、こころの状態や人間関係には、高度に力動的な性質があることを過小評価しているために起きています。教師グループが、ひとたび自分たちの感情的な反応が他人を理解するための重要な手がかりになりうると悟ると、どの生徒が自分をイライラさせるか、怒らせるか、憂うつにさせるか、考えられなくさせるか、そして喜ばせるかについて、もっと注意を向けられるようになりました。もちろん情緒的・感情的な反応を、観察されたデータに照らし合わせてチェックすることは大切です。自分の観察と他人の観察を比較する必要もあるでしょう。言語的、

非言語的レベルで伝えられる事柄に反応できず、状況に巻き込まれすぎる危険を避けるための安全弁とできるからです。こういう事柄は、職員室ではめったに議論されません。話し合われることがあったとしても、結局は、生徒に対峙するために集まって、生徒を責めたり、どうせ無理だと決めつけることで終わってしまいます。問題を理解し、対応策を決めるための根拠として、得られた情報を活用することは少ないのです。

生徒の抱える大変な精神的苦痛のコンテイナーとして使われるかもしれないと気づくと、情緒的コミュニケーションに対してこころをもっと開き、受容的になれるかもしれません。反面、無防備なまま、他人が耐え難いと思っている感情状態で心が満たされてしまうと、恐れをなしてしまうかもしれません。私たちは、たいてい自分の問題で精一杯です。重荷になるかもしれない他人の問題を喜んで引き受ける気持ちなしに取り組むのは、かなり大変なことだと思うものです。

情緒的な体験をすること

恐れや抑うつや混乱などを受け止めようとするなら、情緒的な体験を**する**覚悟が必要です。さらに、このような共感は私たちの中に、自分の子どもの頃や現在の生活で、同じような状況を体験したときの不安を引き起こすことになるでしょう。受ける影響の強さは、自分にとってとくに傷つきやすい点をつかれたかどうか、あるいは、投影される苦痛な情緒の強さにもよります。そうした感情が、私たちの皮膚の下に入り込む（get right under our skin）のはこのプロセスの一部ですから、その感情に乗っ取られるように感じることがあっても、驚くには値しません。そして圧倒されないためにも、必死でこころを使って考え続けなければならないのです。しかし世界のすべての苦しみを引き受ける殉教者になって、苦痛な感情をスポンジのように吸い取ることには、何の効果もありません。それでは、ただ搾取の犠牲やごみ箱になってしまうだけのことで、生徒がつらい葛藤に直面して、それに取り組むことを助ける邪魔になります。

経験について考えること

つらい体験を耐えられるようにするものは、自分の内に喚起される感情について考える興味と能力です。その苦痛の性質について考え、それが何についてのものなのかを認識するために、時間と空間が必要でしょう。感情について考えることで、経験することとその意味を理解できるようになり、その結果、自分自身や他人のことをもっと良く理解できるようになるでしょう。それは人格の成熟と、情緒的苦痛に耐える能力の増大をもたらすのだと思います。

言語的・非言語的コミュニケーション、あるいは行動

コミュニケーションの意味の理解を基礎にして、他人に役立つ反応ができるようになります。より適切な行動が取れるようになるかもしれませんし、あるいはすぐに行動に移すのを止められるようになるかもしれません。あるいは、関係の中で起こっていることについて、何かその情緒的体験の実相を如実に示すようなことを、話せるようになるかもしれません。いずれの場合にせよ、相手は、そうした理解によって、自分の情緒的苦痛を調節してもらった体験をすることになるでしょう。そしてこの体験こそが、最終的にその感情を自分の中に統合できるようにするのです。教室でそうした体験ができると、それを基盤にして生徒は、もっと強い忍耐力と、情緒的苦痛に耐える力を発達させていけるといえます。

有益ではない関わり

注意深くないこと

私たちは、たいてい自分自身のことや仕事にかまけて、他人に十分な注意を払わないものです。起こっているコミュニケーションが見えなかったり、聞こえなかったりするかもしれませんし、見聞きはしても注意を向けないことも

あるでしょう。次の例がこれをよく物語っています。四歳のポールは、紙に落書きをしていましたが、次にインクを机になすりつけます。しばらくすると、他の子に向かってペンを投げつけます。先生は忙しくて、気づきません。するとポールは床になって行く様を、彼が破壊的感情を自分でコンテインさせはじめました。ポールの行動が次第にコントロール不能になって行く様を、彼が破壊的感情を自分でコンテインできないでいることを表現しているのだとみなせるでしょう。彼は、自分のニードを分かってもらおうとしているようですが、だれも注意を向けません。そこでだんだん暴力的になっていき、コントロールがきかなくなって、ついには癇癪を起こしてしまっているのです。つまり感情が、まったく手に負えなくなっているのです。先生がやってきて話しかけ、身体を抱きしめてくれて、ようやくポールは落ち着けたのです。他の例もあります。この十四歳の少女は、興味本位でドラッグを使うようになっていました。ある時は非常に眠くなり、またある時は活動的すぎる状態になるのですが、彼女の両親は気づきませんでした。ドラッグ仲間からたびたび電話があり、両親が聞いているところで大声で話をしていました。両親は、それでも、介入するのを恐れていたのです。しばらくして彼女は、自分がドラッグ中毒になってしまうのではないかと恐くなり、ある日、両親の部屋に飛び込んで言いました。「どうして止めてくれないの、私のことなんか全く気にしてないわけ？」時に、こういう思春期の子どもは、なかなか気づくチャンスをくれません。それでも自分が暗に助けを求めているのに、私たちが気づかないのは、自分に関心や理解がないためだと体験しているのです。非行や暴力の末、警察や他の関係機関を巻き込むことになるのですが、これは衝動性をコントロールするのを助けてほしいという切羽詰まったニードを私たちに知らしめるためなのだといえるでしょう。

寛大すぎること

おとなの中には、子どもの破壊的で残虐な、あるいは搾取的な態度や振る舞いを許すことで、自分がかなり我慢強いと感じている人がいます。このような寛大さは、有益ではありません。自分や他の子どもに対する暴君のような行動を我慢している教師は、生徒を安心させるどころか、そうした行動に賛成しているか、さもなければ、怖くて行動を制限できないのだと言っているようなものです。援助職につく人の多くは、実際、敵意や貪欲さや怠惰といったことをあまりにも簡単に受け入れてしまい、無責任さを助長することになります。しかし、そんなときでさえ、自分が親切で施す人だと変なプライドをもっているようです。子どもがコントロールできない行動に翻弄されているかもしれないとき、教師が行動を制限しないと、子どもはひとりで自分の破壊的感情に対処せざるをえなくなるということを分かっていないのです。教師が行動を制限し、境界線を引いてやると、たいてい事態はかなり緩和されるのです。

反応すること

投影された感情に圧倒されると、私たちはそれを排除し、仕返ししようとするかもしれません。たとえば、拒絶には拒絶で、恐れには脅しで、絶望には回避で反応するかもしれません。他者の感情に影響されて恐くなったり、落ち込んだりしていることに気づくと、それを否認するという手段を取りがちです。たとえば、抑うつには、そこから抜け出せるようにと楽しませる。拒絶には、なだめる。恐怖には、何も恐がるものはないというふりをするのです。こうした行動は、実はそういう感情は受け止めがたく、耐えられないのだと暗に示すことになります。そのためそうした感情を否認したり、制止したり抑圧したりするのを奨励しているようなものです。もし希望をもっていれば、他人をそうした気持ちのコンテイナーとして使おうとするかもしれません。ですから、つらい感情によく耐えられる教師は、生徒が他の教師の前では表現できないネガティブな態度の受け手になるかもしれないのです。

自分に依存している人へ痛みを投影すること

最悪の状況では、教師（または他の援助者・親）が、生徒（または子ども・依存している人）を自分自身の耐え難い感情のコンテイナーとして使います。次のような例が挙げられます。自分が抱く羨望に耐えられない教師が、生徒に羨望の念を喚起する。あるいは、恐怖心の強い教師が、ホラーストーリーを聞かせて、子どものこころを恐れや恐怖や悲壮感でいっぱいにする。これほど有害ではなくても、やはり深刻な例としては次のようなものがあります。自分の依存性に耐えられない教師が、生徒を必要以上に依存させるか、あるいは生徒の依存状態を長引かせる。嫉妬を抑えられない教師が、常にお気に入りの生徒を作って、ほかの生徒の嫉妬を喚起する。ある生徒を自分の欠点の具現だとみなす教師が、その生徒を嫌悪する。こうした状況はすべて、生徒が自分の問題を把握するのをとても難しくしてしまいます。実際、教師の分と自分の分の二人分の苦痛を引き受けさせられることになるのです。こういう教師をあっさり避ける生徒もいるかもしれませんが、うまく避けられなかったり、避けるほど強くない生徒もいるでしょう。

乳児期における学ぶことの基礎

ティモシーのように、学ぶことにつきものの困難に立ち向かう力を獲得してきた生徒もいれば、そうではない生徒もいます。どうしてそんな違いが生じるのか理解するためには、乳幼児期の情緒発達に目を向ける必要があります。子どもは、就学前に、莫大な量をすでに学んできています。それまでに数え切れないほどの難しい状況に対処してきているはずです。助けられもしたでしょうし、あるいは、耐え難さにさらされてきているかもしれません。自分自身のことや自分の環境のことを感覚器官からの情報を通して学びます。子宮内の胎児に、母親の身体的／精神的ストレスがどれくらい伝わるのかは、まだわかっていません。しかし、新生児が感覚器官への襲撃を体験しているのは確かです。あたたかい環境から、突然、寒さの中に突き出され、また、包まれていた状態から全身を外界にさらされるのです。暗闇から明るい光の中へ、無音の世界から喧騒の世界へ。自動的に栄養補給されていた状態から、食物源を求めて外界の対象と接触しなければならない状況へ。フランスの医師、ルボイエ（Leboyer）は、このドラマティックな体験をできるだけ子宮内の状況を再現することで、いかに外傷的ではなくせるか——臍の緒を切る前に、母親のおなかの上に赤ちゃんを乗せて身体接触をはかること、できるだけ早く乳房をあてがうこと、新生児を暖かいお風呂に入れてやさしくマッサージすること――を試みました。そうすると新生児の恐怖に満ちた泣き声が鎮まり、少しずつリラックスして、まわりの世界を探索しはじめる映像には、まことに驚かされます。新しい環境が与えるインパクトが、それほど圧倒的なものではないとわかって、新生児は好奇心をもって、積極的に世界との接触を持てるようになるのです。ウィニコットが述べたように、何よりも大切なことは、お母さんが赤ちゃんにこの世界を〝少しずつ（in small doses）〟紹介していくことです。もし変化があまりにも急であったり頻繁であったりするなら、あるいはあまりに苦痛に満ちたものであったら、乳児は恐怖で反応し、あげくにはひきこもってしまうでしょう。ほんの一時的な状況にすぎなくても、この世界があまりにも恐ろしく、苦痛なものだと感じられると、乳児の好奇心は抑止され、学ぶ能力の抑止にもなるのです。極端な場合には、他者との接触をいっさい断ってしまうことさえあるかもしれません。経験の「積み木」があまりにも過酷だと、興味をもつことからひきこもってしまうか、あるいは状況を操作して苦痛な体験を封じ込めてしまおうとするものなのです。逆に、生後数カ月になっても、赤ん坊が助けを求める前に、そのニードをことごとく満たし続けるような母親は、赤ん坊の単なる付属物になってしまい、赤ん坊の運動機能や言語や精神機能の発達を止めてしまうことにもなりかねないでしょう。小学校入学までは親を質問攻めにしていたような子どもが、急に好奇心を失ってしまう。これもまた、気がかりな観察例です。これは、子どもが圧倒されてしまうほどに知識の山を提供されるからだとは考えられないでしょうか？　あるいは、探求や実験でなにかを発見していくのを良しとしないような教育方法が取られているのでしょうか？

乳児期に話を戻します。乳児の欲求不満や苦痛に対する耐性は、最初はきわめて限定されたものです。乳児にはまだ時間の観念がないため、一つひとつの出来事が全体性をもち、そのために苦悩はすぐに圧倒的なものになってしまいます。私たちは、赤ん坊が一つの瞬間から次の瞬間へと、つまり至福の状態からバラバラになってしまったように泣き叫び、足をばたつかせ、震えるという状態へと変化するのを知っています。このことは、まず母親が赤ん坊の抱っこしてほしいニードに即座に応えて、しっかりと抱いてやり、あやし、授乳したりしてやることが、きわめて大切であることを物語っています。しかし母親は、泣き叫ぶ乳児が乳房をとらえられず、顔を背けてしまうという状況に出くわすかもしれません。自分の乳房が良いものだということや、あやし方に自信のない母親は、ここで赤ん坊から侮辱されたように感じるかもしれません。そして赤ん坊に腹を立ててしまうか、これがお前のほしいものだと証明するといわんばかりに、赤ん坊の口に乳首を押し込むかもしれません。自分に自信のある母親は、赤ん坊の拒否に耐え、優しくあやして、赤ん坊の恐怖や怒りがおさまるのを待てるでしょう。こうして、赤ん坊に乳房を与える前に、赤ん坊が乳房との良い関係を再建できる時間を与えられるのです。最初の例では、乳児は、自分の望まない、（悪い母親への恐怖に加えて）いやな何かが無理に押し込まれたと感じるかもしれませんが、その次の例では、乳児は良い母親に悪い感情を取り除かれたと体験するのです。乳児の体験は身体的であり、かつ情緒的です。あるいは、心身的(psycho-somatic)なのです。母親の中には、子どもが泣くとすぐに授乳するひともいますが、たいていは、子どもはいつもお腹がすいているわけではありません。恐かったり、みじめな気持ちになったりすると、抱いてもらったり、やさしく揺すってもらったり、子守り歌を歌ってもらったりして、なだめられることがすぐに分かります。親の身体的かかわりは、乳児が感じていることを親が理解しているということを表します。子どもの泣き声を聞き、様子を観察することで、父母は、子どもの苦悩の性質が感じられるようになります。パニックを起こしているのか、待たされ過ぎて怒っているのか、あるいはすぐに助けにきてくれないので絶望しているのか。親が赤ん坊のコミュニケーションの意味を理解して対応することは、赤ん坊自身が経験を消化する助けにもなります。母親が、赤ん坊の恐怖に触れてもひどく脅かされなければ、母親は赤ん坊を抱きながら、恐怖は耐えられるものであり、バラバラになってしまうことなく、その感情を抱えられる他者が存在するのだということを、情緒のレベルで伝えられるでしょう。しかし逆も起こりえます。すぐに恐怖に陥ってしまう母親は、赤ん坊の不安に耐えられないでしょう。泣き声が届かないところに寝かせておいたり、泣きやませようとして揺さぶったり、荒々しい扱いをするかもしれません。これでは、決して和らぐことのないパニック状態、ついには、外界から顔を背けるしかないほど希望のない状態に、乳児を放置してしまうことになります。おそらくたくさんの赤ん坊は、どこかで、こうしたトラウマティックな体験をしているはずです。つまり、赤ん坊の成長が深刻に妨げられるのは、繰り返し繰り返し、苦悩が緩和されない体験を重ねた場合のみなのです。

乳児の良い体験と悪い体験は、最初、乳児のこころの中で非常にくっきりと分かれているようです。乳児は、最初、母親の良い側面に同一化し、より破壊的な要素を外界に投影する傾向があります。あまりにも恐ろしく圧倒されるので、自分のなかに保持しておくのが耐え難いからです。同様に、乳児の抱くファンタジーは極端なもので、乳児の経験によって強化もされれば、緩和されもします。乳房を強く握っている赤ん坊を思い浮かべてみましょう。母親は、赤ん坊の攻撃性に脅かされて、乳房を引き離すかもしれません。すると赤ん坊には、こんな小さな攻撃性でさえ有害で、危険で、さらに母親は攻撃に耐えられないほど脆弱なのだと伝えることになります。赤ん坊の制止を導くことになるかもしれません。また乳児の攻撃的な行動に限界を設定できない親は、自分の破壊性には限界がなく、コントロール不能だというファンタジーに承認を与えるようなもので、その結果、子どもはさらに脅かされるようになるのです。ついには、あまりにも罪悪感が強くなるので、子どもは自分の与えた害の責任をとても負い切れないと感じ、さらなる攻撃性を引き起こすことになるでしょう。一方、赤ん坊の怒りにそれほど脅かされない母親は赤ん坊を手助けでき、赤ん坊は耐えられる程度にちょっとつねるのと、実際に傷つけ、ダメージを与える行為とを区別できるようになるのです。このように子どもが万能的ファンタジーと現実とを区別するのを助けるうえで、親の接し方は決定的だといえます。親との経験で、破壊的なファンタジーと恐れが減っていくと、最終的には子どもが自分の行為に責任を取れるようになるのです。つまり自分が与えてしまった苦痛と、自分が愛し依存する他者の重荷になりすぎていないかを心配し、気遣うようになるということです。つまり他人を思いやれるようになるのです。そして親が子ども中心ではない生活を送る自由を許し、自分が受け取ったものをうまく使いこなして、これまで多くを与えてもらったことに感謝できるようにもなるのです。これはあらゆる種類の仕事、責任感、そして創造性に通じるものです。

発達はまっすぐ一直線に進むものではありません。たとえウィニコットがいみじくも言ったように、〝思いやりの段階（stage of concern）〟に到達できたとしても、絶えず、ふたつの心の状態を行きつ戻りつする傾向があります。ひとつは原初的恐れや迫害不安や被害感、また望みどおり動いてくれない人への不平や恨みを抱く心の状態であり、もうひとつは基本的に他者に心遣いをし、感謝し、自分の苦境にもできるかぎりの責任を持つという心の状態です。

怒りや嫉妬や羨望に直面しつつ愛情や思いやりを保つための苦闘は、欲求不満や喪失のたびに生じます。乳幼児期にこうした状況にどう対処し、あるいは対処できるよう助けられたかは、後々の人生で対処する力に深く影響するといえるでしょう。あらゆる人間関係で、ある程度の欲求不満はつきものですし、よほどひどいものでなければ、実際には成長の糧ともなります。子どもが、生活のさまざまな状況の中で、どれくらいの欲求不満に耐えられるのかは、親の微妙な判断事項です。もちろん、わざと子どもを欲求不満にさせるような親はいないでしょう。しかし、赤ん坊（そして、あるいは自分自身）がどんな苦痛体験も味わわないように必死になりすぎて、子どものどんな気まぐれにも応じ、子どもの奴隷になってしまう親もいます。あるいは機嫌が悪くならないようにと、お菓子やおしゃぶりや玩具といった代用品を常に用意している親もいます。子どもは、自分の前からいなくなったり、他人と共有しなければいけない母親に頼るよりも、常に目の前にあって感覚的満足を与えてくれるような、生命を持たない対象を選ぶようになるかもしれません。たとえば、生後六カ月のヘレンは、とても親密で幸せな乳房との関係を築いていましたが、離乳のときには怒って母親に背を向けるようになりました。いつも自分のベッドで、ぬいぐるみのテディを抱いて横になろうとするようになったのです。母親は、ヘレンがテディのほうを好むので、自分が拒否されたと感じ、傷つきました。また授乳期が終わった母親自身の悲しみを増大させることにもなりました。この状況で、母親はヘレンと戦って、ヘレンの癇癪や涙に直面するだけの強さを持てず、ヘレンに譲ってしまったのです。このような代用品は、つらい直面化を避けたい両者にとっては便利なものになりえます。しかし親が子どもと一緒になって、避け難い欲求不満や抑うつを、長期間にわたってこんなふうに回避し続けると、深い人間関係や情緒的体験に根差している思考の発達を促せません。子どもが苦痛な感情の状態に耐えられるように、思いやりのある他者がいることをしっかり体験する。これが唯一、子どもが生き抜き、生き残り、こうした状態を心の中に保持しておけると感じられるための支えとなるのです。

子どもは、繰り返される養育者との体験を基盤として学んでいきます。恐怖に耐えてもらえるかどうか。攻撃性や要求に制限がもうけられるか否か。絶望や悲しみは勇気や思いやりによって和らげられるのか。それとも逃避されるべきものなのか。コンテインされる経験を基盤にして、子どもは、こうした親の抱える能力を自分の心の中に取り入れられるのです。これが、苦境に陥ったとき情緒的な苦痛や苦闘に耐えうるように、子どもを支える内的装置を作ります。情緒的に、精神的に子どもを成長させ、外的援助に依存し過ぎないですむような内的支援システムを提供するのは、この内在化された良い抱える母親であり父親なのです。同時にそれまでも必要な時には助けてくれた人がいたという経験が、外の世界には信頼できて助けてくれる人がいるという信頼感を育てるでしょう。こうして子どもの内的世界は、逆境にあっても勇気を見せる大人という手本によって、もっと豊かになっていくのです。困難な状況にあるときに支えてくれる。こうして教師はみな、子どもの内的世界の導き手になるのです。

ここまで乳児の発達を助ける親の機能について議論してきましたが、もちろん赤ん坊の性質も、同じくらい大切な役割を取ります。まさに人生の始まりの時点から、生に対する積極性や、愛情を受け止めたり、愛情に応えたりする力は乳児によって非常に大きな幅があります。満足しにくく、いつまでもささいな欲求不満に機嫌を損ねずにはいられない乳児もいれば、機嫌が直るまでに時間がかかる乳児、あるいはちょっとしたことで不快感を覚える乳児もいます。このように、どのような養育を受けたかという個々の体験は、強力な主観的要素と結びついているといえるのです。個人がいかに経験を用いるのかは、千差万別です。どんな養育も十分にはならない難しい乳児もいます。そういう乳児は、恐がりやすく、疑い深く、不幸せでしょう。たとえば、ミルクを与えてくれる乳房について、自分の噛み付くような貪欲な感覚の視点から、自分をのみこむ対象として体験している乳児がいるかもしれません。もちろんこうした体験は、その後の人生で、学ぶということを大いに妨げるでしょう。またわずかの愛情や世話でさえ、目いっぱい使える乳児もいます。乳児が気難しいほど、親にとっては、辛抱し我慢し続けるのが大変です。ときには母親や父親は、恐怖に泣き叫ぶ赤ん坊に理解を持って対応しなければならないものですが、それがたびたびだとすると、対応できるでしょうか。また離乳時の抑うつに対処できるでしょうか。貪欲さを制限し、不安と操作の区別をできるでしょうか。親同士の関係や次の赤ん坊への嫉妬を理解して対応できるでしょうか。これらは、親自身の乳幼児期や養育された体験から学んできた事柄によるのです。言葉を変えれば、親が、その状況に持ち込む内的装置によるのです。乳児と出会う最初のころ母親には、自分の乳児的自己を呼びさまされ、それに対処する自信がありません。ですから特に傷つきやすい状態にあるといえます。そのためにきわめて重要なのが、母親の母親になってやれる夫の能力、彼女が赤ん坊の良い母親であり、良い母親になっていく力があるという夫の信頼なのです。また自分の母親や姑の援助を受けられる人もいるでしょう。しかしこの体験が母親を助けるのか、それとも妨害となるのか、傷つけるのか。それは、もちろん、その母娘の関係や二者間のライバル心いかんによるでしょう。母親がこういう外的なサポートや強くしっかりとした内的装置を持っていないと、幼い乳児が引き起こす大きな不安は耐えがたいものになるでしょう。赤ん坊から逃げ出したくなるかもしれませんし、圧倒されたと感じるたびに耐え難くなるかもしれません。これは剥奪のサイクルと呼ばれるものにつながります。つまり剥奪を体験した母親が、自分の子どもを剥奪する傾向があるということなのです。そのような親を責めても、何の役にも立ちません。こうした母親は、わが子によって呼び覚まされた、乳児的で怯えた自己を、他者に支えられることが必要なのです。

ある関係性をもった二人は、いつも互いに影響し合っています。とても反応の良い赤ん坊は、母親があまり抑うつ的にならず、自分の養育能力を引き出せるように助けているといえるかもしれません。母親のやさしい眼差しが赤ん坊の微笑みを引き出し、母親の満足となります。こうして母子のカップルは、お互いに強く結び付けられていくでしょう。むずかる赤ん坊は、母親の忍耐に過剰な負担となり、そして母親の手荒い扱いが、そうした赤ん坊のパニックを増大させるかもしれません。またこの赤ん坊の叫びが、母親が自信と愛情をもって接するのをもっともっと難しくするという悪循環を生じさせてしまうのです。これでは、おたがいに適応するのを学ぶというよりは、より不適応を増大させることになると言わざるをえません。このように、学ぶことの能力には二つの情緒的な要因がからみあっているようです。ひとつは、愛と憎しみ（ある種、生来の要因）のバランスです。これが外的世界についての見方を彩ることで、取り入れ、経験から学ぶ事柄をも彩るのです。もうひとつは、両親や子どもの周囲にいる重要な他者が、どこまで子どもに苦痛が調節される経験を与え、そうして世界を探索し、じっくりと味わえるような勇気と希望を与えてくれる援助的な関係を子どもが取り入れられるようにするかです。入学してくる子どもたちには、すでに学ぶことや職員との関係を彩るのに充分で、しっかりとした豊かな経験があります。しかし学校もまた、親とはちがう大人の現実に対して、子どもが期待していることを試す新たな機会を提供するのです。学ぶことには、不確かさや恐れや怒りや絶望がつきものです。強い情緒や不安といったインパクトを取り扱うためには、他人の援助が必要なこともあります。こうしたことを承知していて、世話や愛情や思慮深さを与えてくれる教師に出会える子どもは、幸運だといえるでしょう。

学ぶことを困難にする乳児期のルーツ

ふつうの教室場面では、教師が生《なま》の不安の表出にさらされることはまずないでしょう。むしろ教師がよく出くわすのは、不安を寄せ付けないようにする結果起こる行動（理解力の欠如、集中力のなさや、混乱）、あるいは、不安を排除しようとする結果起こる行動（多動、落ち着きのなさ、怒りの爆発）でしょう。これは生徒が、学校や家庭での関係で、いま現在、混乱した状態にあることと関わりがあるかもしれません。その一方で、そのときの教科の内容と、とても明確に関わっているかもしれません。なぜなら経験するあらゆる事柄は、無意識のファンタジーを呼び起こすものであり、学校で語られるどんな話題も、心の深層にある何らかのイメージをかきたてるものだからです。もしこのイメージの存在が強力で、混乱した性質のものだとすれば、一時的にせよ永続的にせよ、学ぶことは妨げられるでしょう。数学を例にとってみましょう。足し算、かけ算、わり算について、子どもの乳児的部分が実際に体験していることは、両親が新たに家族を増やす、一緒になって赤ん坊を生み出す、あるいは家族の誰か（あるいは身体の一部）が分割されて、離ればなれになるというようなもので、そうなると全く不可能ではないにしても、計算が難しくなってしまうかもしれません。私は、ある十歳の少女が、どんな計算の答えも一か、多くても二以上になってはいけないと言い張ったのを覚えています。一という数字が、彼女自身を表していたことが分かりました。つまり常に一番でなければならない人物、その人のために地球が回るようなもっとも大切な人物なのでした。彼女、つまり自分と母親が別々な存在であるということも、しぶしぶにしか認めず、母親と一体化していたかったのです。三という数も第三者のことを指し、つまり父親も他の子どもも、とてつもなく密接な関係の邪魔は許されず、どんな計算も合計で二を越えることなどあり得なかったのです。どんな授業の内容でも、生徒の心の中の意識的、無意識的な問題を反響させるかもしれません。こうした考えを教室という安全空間の中で扱えば、それを克服するのにとても有効な手段になるでしょう。たとえば文学は、苦渋に満ちた人間関係を理解できるようになるための基盤を提供できます。火山などの主題は、身体の空洞や危険な中身にまつわるファンタジーと密接に関わっているため、大きな興奮や不安を喚起することがよくあります。理科の教師は、自分がやって見せ、生徒にも行わせる実験ほど客観的なものはないと信じているかもしれません。しかし混合すること、気体を作ること、分解することは、あらゆる原初的ファンタジーをわき起こしやすいものなのです。そのようなファンタジーは、普遍的なものです。教科とファンタジーとのつながりの強さと具象性に、幅があるだけです。教科書の中の記号が、あるいは心の中でそれを弄ぶことが、ファンタジーを実際に行動に移すことと同一視されることがあります。このときには、生徒の学ぶ能力に本当の障壁が生じるかもしれません。

学ぶことに含まれるプロセスは、消化器のシステムと非常によく似ています。すなわち取り入れ、消化し、吸収し、産出するプロセスです。乳児は、おそらく最初は身体的プロセスと精神的プロセスを区別していません。ミルクと愛情を一緒に取り入れ、満足に授乳されると、快の感情を体験します。のちに精神的体験と身体的体験が、ある程度区別されるようになり、赤ん坊と母親との絆の質は、精神的、情緒的、身体的レベルによらず、取り入れ、保持し、返すという、後のあらゆる体験の基盤を形成するのです。

知識を取り入れるときの障害

授乳を楽しんだ赤ん坊は、新しい関係や新しい知識に対して、熱心になり信頼して心を開くようになります。赤ん坊の食欲と好奇心が刺激されると、まずは母親の身体を探索するようになり、さらにそこからより広い世界へと探索するようになっていきます。信頼がおけないか剝奪的な養育を受けた子どもには、知らないことで引き起こされる寄る辺ない感情は、耐え難いものかもしれません。ですからそうした子どもは、学ぶということに心を開けず、自分はもう何でもすべて知っているので、他者を必要としないと信じ込む立場に自分をおくのです。もし早期の授乳関係で怒りや苦痛が猛威を振るっていると、子どもにとって取り入れることは、恐怖や不信感や悔恨といった感情と結びつくかもしれません。あるいは学ぶことへの意欲や喜びの欠如に、単純につながるかもしれません。同様に、このことが、子どものこころの中で、攻撃するかされるか、征服するかされるか、近づくのか侵害されるのかといった破壊的なファンタジーと結びつくと、この世界はあまりにも危険すぎて探索できず、好奇心は抑制されてしまうでしょう。

そうした例を挙げてみましょう。Aさんは大学一年生でした。一般家庭医が彼女の周期的な下痢と嘔吐の発作に身体的原因がなにも発見できないということで、彼女は私の所に相談に訪れました。Aさんは、健康的な様子の聡明な感じの女性で、学生らしい服装をしていました。彼女は、お尻を振って歩いてき、やや反抗的な感じで、私の向かい側に座りました。私が、問題になっていることを話してくれるように言うと、気乗りしない様子を見せ、不安がっているというよりも、恨みがましい感じで、すこし状況を話してくれました。そして、図書館に座っていると気分が悪くなること、講義を受けていると腹痛を起こして下痢をすることが分かりました。図書館や講義室から飛び出さなければならないのが、彼女は恥ずかしいので、そういった場所に行くのが、とても嫌だということでした。他の人が自分のことをどう思うのかが不安なようだと私が伝えると、「不安なんかではありません。ただ困っているだけです」と遮りました。そこで、さらに私が、彼女はおそらく自分の行動が仲間の学生にどう見られるのかが心配なのではないかと言うと、いくらか軽蔑したふうに、「心配ではなく……不安」と答えたのです。話を続けるうちに、彼女の絶え間ない訂正が、意味を明確にするには全く役立っていないことが明らかになってきました。彼女は、ただ私が言うことの揚げ足を取っているだけのようでした。私は次第に口ごもり、ほとんど首尾一貫した文脈で話せなくなってしまいました。この状況にとても狼狽させられていると感じる一方で、よく考えてみると、彼女が話す症状と似ていることが、ここで起こっているのではないかという考えが、私の中に起こったのです。つまり彼女の訴える下痢や吐き気が私の中に入り込み、私はある種、言葉の下痢を起こしていたのです。そこで私はこのことについて、次のように彼女に伝えました。私の言うことを攻撃することで、ここは問題を共に理解しようという作業（co-operative venture）に携わる場だという事実を見失ってしまっているようだ、と。すると彼女は、「共にですって。私は関係っていうのを全くそういうふうには考えないわ。私はいつでも、どちらが上でどちらが下か、そういうふうに人を見るのよ」と叫んだのです。

このように彼女の教室での教師との関係や、図書館での本との関係の本質が分かり始めました。知識がある人は彼女の上にいて優位に立ち、彼女に劣等感を抱かせます。そして、自分は下にいるのだと感じさせられていたのです。提供するものがある人は、彼女に恥をかかせるために状況を利用しているのです。このことはひどい憎悪を引き起こし、彼女は彼らが与えるものを攻撃し、ゴミくずに変えてしまうのです。学問の府である大学にいることで、人生最早期の母親――人生で最初の上にいる人、上（top）／乳房（breast）／心（mind）を持つ人――との関係において、解決されていなかった原初的感情を蘇らせたのです。彼女には、あらゆる人間関係は、両者に有益なのだというところからは程遠く、上か下か、優れているか劣っているかと感じられるのです。このことは、学習のみならず、性体験にも影響を及ぼしていました。このような乳児的感情は、羨望から生じます。また感情を抑えがちでうぬぼれの強い母親、あるいはそうした教師によっても引き起こされるかもしれません。羨望が優位になると、他人の持つものを台無しにしたい願望が引き起こされます。Aさんは、私が彼女を理解し援助する能力を持っていると感じたので、私を攻撃したのです。同様に彼女は、講師や読んだ本の著者に与えられたものを攻撃していたのです。なぜなら、そうしたものと比較をして、自分が小さな存在だと感じさせられていたからです。こうした攻撃は、たとえば、密かに賞賛されている人の荒さがしをするというように、はるかに巧妙に現れてくることもあります。また破壊行為や他人のあらゆる創造性や美を台無しにするといった、あらゆる攻撃の根底にもあるのです。

羨望を回避する方法のひとつは、望ましい資質を持つ人物に自分を投影して、自分が実際にその当人であるかのようなに体験をすることです。そのような生徒は、非常に熱心に学んでいるように見えるかもしれません。しかし実際には、知識の本質というより、上っ面の知識以上のものは身につけられないだろうと思われます。時に、その源が明らかにされないまま、盗んで知識が獲得されることがあります。たとえば、多くの文献から少しずつつまみ出したものを一つにまとめ、すべて自分の作業だとして論文を提出するような学生がこれにあてはまります。また、食事を待たされる欲求不満に耐えられなかった子どもや、あるいは関心を向けてもらうのに非常に待たされたか、少しの注意しか向けてもらえなかった子どももいます。そのような子どもは、教えてもらおうとはしないし、消化不良を起こすかもしれないので、貪欲に知識を取り入れようともしないでしょう。十二歳のヘンリーの母親は、彼のためにほとんど時間を割くことがありませんでした。ヘンリーは、担任の話を聞くことにほとんど我慢できず、いつも手をあげては、答えはもうわかっていると言うのです。彼は、家に多くの本と百科事典があって、内容のすべてを丸呑みしていたようでした。ヘンリーに、狂気じみた方法によらずとも、知識を取り入れるのに十分な余裕と時間があることを確信させるには、長いあいだ教師がかなり多くの注目と忍耐を示さなければなりませんでした。それから（スプーンを差し出されたときの赤ん坊のように）明らかに全く無関心に顔を背けてしまう子どももいますが、これは実際には、差しだされた精神的糧を拒絶しているのです。こうした子どもは、外界からやってくるものはすべて危険で、失望させられるものだという疑惑を体験してきたのかもしれません。

知識を消化し定着させる難しさ

「彼の記憶はザルだ」、「右の耳からはいって左の耳に抜ける」、「あらゆることが抜けていく」これは、体験を保持する能力が欠如しているような人を表現する言葉です。

事例Ａ

マイケルは、いわゆる通常のクラスで授業を受けても、自分の役に立てられないでいました。ペンをなめたり、上着のボタンを指でもてあそんだりしながら、窓の外を見て座っています。彼は、発達に遅れが認められていたものの、教師がしっかりと注意を向けさえすれば、熱心に反応も返してきますし、教師の話についていくこともできるのです。その様子からは、彼が決して知性がないというわけではないことがわかりました。マイケルにとって学ぶということは、何らかの概念を考えたり、発展させたりするというより、むしろ教示されるものを繰り返すことや模倣に基づいていたようです。担任は、彼のことを愛らしい子どもだと思っていましたし、両親も彼を愛していました。教師が調べたところ、マイケルは育てやすい赤ん坊でしたが、乳児期には、母親が病弱の兄の世話で頭がいっぱいだったということでした。母親がマイケルにかまってやれる時間のあるときでさえ、情緒的には、マイケルのためにそこにいたとは言えなかったのです。このことは、母親には彼のための心のスペースがなく、単にうすっぺらい上辺だけの接触しかなかったこと、また、マイケルが母親の精神生活から排除されていたことを意味しています。このような体験は、いろいろな思いや恐怖が、安心して抱えられるスペースも方法もないという感情を引き起こします。母親の心に自分のスペースがないとわかると、子どもは、母親の中にも自分の中にも、スペースがあるという感覚を育てることができません。このような子どもは、要求をすることがほとんどなく、簡単に教師の心から抜け落ちてしまいます。教師にとっては、注目してほしいという手のかかる欲求を喚起させるよりも、自分ひとりで夢中になる活動を続けさせる方が都合がよいかもしれません。マイケルのような子どもは、小集団の環境か、あるいは自分のことを包みこみ、覚えていてくれる教師のいる補習クラスのような場なら、もっと成長できるかもしれません。このような子どもの中に、誰かが自分の苦悩に持ちこたえてくれるかもしれないという希望がもう一度蘇ってくると、所有欲や激しい感情が前面に出てくることがよくあります。そこで子どもがもっとたくさん要求したり、ときに攻撃的な感情を表したりするようになると、教師はむしろ、子どもが悪い状態になってしまったと考えるかもしれません。しかしこれは実際には、主張したり、欲求を知らせたりするのが、少しうまくなったということなのです。かなり特別な注目を与えられたということを基盤にして、こうした子どもはときに驚くような進歩を遂げます。感情が平板でひきこもっているために、どれだけ注意を注いでも不十分な子どももいます。あるいは、明らかな障害が見受けられないようでも、機械的な模倣や学習をもとに知識を獲得するような子どももいます。こうした子どもは、一見、賢く知的に思われるかもしれませんが、思考は浅く、豊かであるとはいえません。

経験があまりにも苦痛で、それについて考えられないようなときには、誰しも無思考の状態に陥りがちです。単にスイッチを切ってしまうか、そうでなければ酒を飲んで悲しみをまぎらわせたり、大音響やまばゆい光の中で我を忘れようとしたり、あるいは休むことなく動き回ることに埋没するかもしれません。考えることのできない精神的苦痛は、次の事例のように身体的不調として体験されるかもしれません。

事例B

ジルはひどい偏頭痛に苦しむ十四歳の少女でした。そのために繰り返し学校を休まねばならないほどでした。時には続けて何週間も欠席しなければならず、最終的に児童相談所に紹介されてきました。そこで担当セラピストに頭痛が始まったときのことを尋ねられると、ジルは、学生食堂のスタッフの人手が足りなかった日に始まったと、きっぱりと答えました。その日は、食堂の全体が混乱していたようで、長蛇の列に並び待たされていた生徒たちは、気がたち、騒がしくなっていました。ジルはこの状態が耐えがたいと思ったのでした。その後、ジルは一つのメニューの中の一つひとつの品目の値段を、繰り返し計算しようとしたのです。彼女は、そのメニュー全体でいくらになるかは知っていましたが、その合計額の内訳を一つひとつ割り出したかったのだと言います。ジルはセラピストには礼儀正しく、働きすぎてはいけないと気遣うのでした。またセラピストのところへ、要求がましく押し寄せてくる何百人もの子どもたちの様子を思い描くのでした。彼女はまったく感情を表さずに、とても抑揚のない話し方をするので、セラピストはジルが何を感じているのかを読みとることが大変でした。次第に食堂での出来事は、ジルの母親との体験ととても近いものがあったために、とても混乱させられるものだったということが分かってきました。ジルの母親は早婚でした。両親は、なんども喧嘩を繰り返し、数人の子どもをもうけた後、父親は母親の元を去ったのでした。母親は孤独で、夫の支えなしではやっていけないと感じていました。そして気持ちの収拾がつかなくなるたびに、子どもたちに自分の心配ごとを吐き出すのでした。メニューの一つひとつの品目を細かく計算するというジルの強迫行為は、消化しがたい食べ物をただ受け入れるよりも、母親から受け取るものについて意味を見出すために、母親との体験のさまざまな部分をバラバラにして、一つひとつ吟味する試みだったと考えられるかもしれません。ジルの頭痛は、すべきことが多すぎる、あるいは、とてつもなく複雑だと感じるときに起こることが明らかになりました。彼女は、痛みのための「スペースをつくるために」、時々、頭を後ろに倒して頭痛に対処していました。彼女の頭痛は、十分なスペースがなく、情緒的苦痛に耐えていくために役立つ強さもない母親像を取り入れた結果だったようです。ジルの母親は、不親切なわけでも、敵対的なわけでもありません。ただ自分に課せられた事柄に圧倒されているだけである、とジルはいつも分かっていました。ジルは、母親の力を借りずに、自分の困難を自分だけの中におさめようとしていたのですが、今回の状況ではそれが無理だったのです。先の事例Aさんとは違って、ジルは話を聞いてくれ、理解してくれるセラピーに、熱心に、また感謝をもって応じました。頭痛はまもなく消失し、通常どおり学校に通えるようになりました。彼女は、これまで誰かに自分の気持ちを躊躇することなく受け止めてもらうという経験がありませんでした。またそれがありえるという希望も、ほとんど持っていなかったのです。そのため何か特別の援助を受けるというところからは、程遠いところにいたのです。精神的苦痛が身体症状として表れて初めて、何らかの介入が必要だと誰の目にも明らかになりました。セラピストが、母親よりも不安を包み込める強いパーソナリティを持つ他者として体験されるにつれて、ジルのパーソナリティのもっと破壊的な部分が明らかになってきたのは、興味深いことだと思われます。

創造することに関する問題

創造することとは、自分がコンテインしているものについての不安と直面するということです。自分は空っぽなのでしょうか？　混乱でいっぱいなのでしょうか？　どんな手段で現在あるものを獲得してきたのでしょうか？　与えられたものに対して、何をしたでしょうか。台無しにしたり、失ってしまったりしなかったでしょうか？　考えを整理し、まとめ、混沌や混乱を概念化して、人に伝えられる形にできるでしょうか？　創造的な仕事に携わるとき、ある程度の不安はつきものです。しかしそうした状況下で、無力感を抱く人もいます。人前で発表したり、試験を受けることで、評価され、間違いや不適切さを見つけられるという不安が生じるのは避けがたいことです。試験というものは、試験官に自分の内面を見透かされ、パーソナリティの恥ずべき否定的な側面を発見させるものとして体験されるかもしれません。試験官は、非現実的な基準を要求する厳しい判定者として、あるいは次の大人の段階に入れたくない嫉妬深い親とみなされるかもしれません。同輩や大人との競争心は、テストをもっと難しい経験にします。「卒業試験」期間中の学校や大学の雰囲気は、しばしば恐怖と激しいライバル心や絶望感でいっぱいなのです――「みんな自分のことしか考えていない（every man for himself）」のです。

事例Ａ：絶望と抑うつ

宿題をするように言われるたびに、「できないよ。何も言うことはないし、とにかくできないんだ」と、十五歳のジョンは訴えます。彼は、友人と遅くまで遊んでから帰宅し、宿題からまぬがれようとするのです。最初は「怠け者（lazy）」というレッテルを貼られたのですが、のちにジョンには希望がなく、絶望を感じていることが明らかになってきました。担任は、この若者が終了試験を受けるべきだと気にかけていたのですが、ジョンが勉強を放棄してしまった様子からは、合格する見込みはほとんどなさそうでした。担任が将来について話をしても、ジョンには何の目標もないようでした。父親は非常に成功した人なのですが、自分が父親のようになれるとは思いもよらないと話します。ジョンは試験を大人の男性になるための最後の関門と見なしており、いったん合格すれば、しっかりと成熟した人間として、大人の世界に自分の居場所を確保せねばならないと考えていることが次第に明らかになってきました。試験をそのようなものとして見るならば、自分の精神的、性的潜在能力が、こうした課題には不適切だと恐れても不思議はありません！　ジョンは、担任と話すうちに、完全に大人としての責任を負うことを期待されるのは、まだずっと先のことだと理解するようになりました。このことと「芸術作品（works of art）」を目指すのではなく、短いレポートを書くようにと励まされることで、ジョンは次第に不安から解放され、あまり絶望感を味わわないで、試験に直面できるようになったのです。

事例Ｂ：競争心と勝利

Ｃ氏は、人生の早い時期から、その才能を約束されていたフルート奏者です。両親とも音楽が好きでしたが、才能を十分に伸ばす機会に恵まれませんでした。Ｃ氏は、両親にとって注目の的、誇りそして喜びそのものでした。彼は、優秀な音楽の生徒でしたが、演奏前になると、必ず怯えるようになったのです。いったんステージにあがれば、完璧に演奏し、自分の成功に酔いしれるのですが、あとで空しさや抑うつ感に襲われるのです。このことを話しているうちに、彼は演奏することは自分を誇示し、自分が両親よりはるかに成功していると見せびらかすことだと感じているのが分かってきました。彼は、両親から受け継いだ才能にも、また自分に良い音楽教育を与えるために払ってくれた両親のさまざまな犠牲にも、何の恩義も感じていませんでした。それどころか両親の労働者階級の訛りや、洗練されていないマナーを軽蔑していました。また音楽との関係でも、愛や献身といったものではなく、むしろ自分が演奏する音楽の創造者であり、その化身として自らを体験したのです。自分はかなり才能豊かだと考えていた一方で、失敗への絶え間ない恐怖に苦しんでもいました。聴衆はやっきになってミスを探し、結局、自分の不完全さを暴こうとしているのだと想像していたのです。言い換えれば、彼は自分が両親に感じているのとまったく同じように、聴衆は自分に勝ち誇りたがっているのだと経験していたのです。自分の成功は、他人の犠牲の上に成り立っていると感じられていたので、聴衆は消耗し、深い怒りをひそかに抱いていると思えたのです。

本章では、学び、考え、知識やスキルを使うことに関する困難さについて、数例をあげて述べてきました。学習困難、不安のコンテイナーとしての教師、考えることを促進する人としての教師の機能についての詳述は、第三部にゆずります。

第三部　教室にいる一人ひとりの子どもを理解すること

G・ウィリアムズ

第五章　理想化された関係

本章と次の二つの章では、教師の現場での経験を見ていきたいと思います。私たちの講座の事例検討セミナーには、多くの理想化の例が持ち込まれました。理想化の問題はとても複雑で、多様な側面がありますので、それぞれの例を順に焦点づけてみていくのが良いと思われます。教師‐カウンセラーの理想化が特に明白なケースもあれば、他方、教師に**理想化**されて、大きなプレッシャーを受ける子どもや若者もいます。この二つの局面は深く関わり合うものですが、ここではいずれかが特に顕著な例を取り上げることにしました。

教師への不当な要求

応えられる限度を超えるような過度の要求をされると、自分が有益で役に立つ人間であるという意識を保ち続けるのは大変かもしれません。能力の限界を越えて「身を削っても役に立つ人間」であろうとするプレッシャーは、このような場合にはとても強くなりかねません。

そのような例が、高等教育機関（Further Education）（訳注1）の教師であるV先生によって提示されました。彼女は、あ

（訳注1）英国では、十六歳の義務教育終了後は、大学入学を目的とする sixth form や college、あるいは職業訓練校などの高等教育機関に進学することになる。ここでいう高等教育機関は、こうした各種学校を指す。

る学生について、自分の関わりと責任の程度にとても悩んでおり、事例発表の際、「サンディーに深く関わってしまっているんです。おそらく深く関わり過ぎだと思うんです」と、口火を切りました。この二十二歳の学生は、何の資格も取らずに学校を出たあと、[訳注2]最近カレッジに入学してきました。サンディーはホステル[訳注3]で暮らしており、家族とは連絡を取っていませんでした。V先生はときどき授業のあとや、パブでの学生の集まりで彼女に会うことがありました。最初にV先生を不安にさせる原因となった出来事が起きたのは、ある日の帰宅時にサンディーを見かけたときでした。彼女は、まるで夢を見ているように、心ここにあらずといった様子で「LSDをやったんだけど、まだそれが効いていて恐いの」とV先生に言ったのです。V先生は、とても心配になりましたが、一方で、サンディーのとても「感情を切り離した」様子からは、彼女が本当にそんなに恐がっているのかどうか確信がもてませんでした。サンディーは、危険だとわかっている量を摂取したのだと言いました。V先生はサンディーを自分のアパートに連れて帰りました。彼女はその晩、先生のアパートに泊まり、回復しました。その後、サンディーがV先生のアパートに泊まることが二度ほどありました。

　学生が自分のチューター（個別担当教師）を選ぶことができると知らされたとき、サンディーはV先生に決めました。V先生には選択の余地はありませんでしたし、実際、断れないと感じました。事例検討セミナーでV先生は、サンディーとの間にチューターと担当学生という、もっと形式的な関係を確立しようとしてもうまく行かないのだ、と話しました。前もって取り決めた時間に一定の時間の範囲内で会う、という提案を何度しても、壁のような沈黙が返ってくるだけでした。V先生は、サンディーの要求は明らかに際限がないと言います。あるときなど、サンディーは電話をかけてきて、「大量のドラッグ」を使ったので、すぐに来てほしいと言うのです。駆けつけてみると、サンディーはドラッグが効きすぎていて話せる状態ではなく、V先生はパニックになりながらも、サンディーを病院に連れていこうとしたのですが、彼女はそれを拒みました。それでもV先生は救急車を呼びましたが、サンディーはやはり抵抗して、「私はここに居るから、先生が面倒を見てよ」と言うのです。そして、どう見ても、彼女自身不安になっているようには見えませんでした。結局、警察が来て、サンディーは強制入院となりました。彼女は少なくとも一日は病院に居ることになっていたのですが、すぐに抜け出してしまったのです。V先生は、路上で彼女に出くわし、付き添って病院に連れ戻しました。

このようなドラマティックな出来事を生々しく描写しながら、V先生は責任を感じるあまり「死ぬほど恐かった」と言います。彼女は、サンディーの生命に責任を負う立場にたたされたのです。V先生は、もし自分がサンディーに負わされた役割から手を引けば、サンディーは死んでしまうに違いないと確信していました。サンディーは、適切な機関、すなわち医者や救急隊員や病院のスタッフを拒んでいました。V先生への要求は非現実的だったにもかかわらず、先生はサンディーの期待に応えねばならないと感じていたのです。彼女は、サンディーが必要としていることには、厳密なチューターと担当学生という関係はそぐわないと言います。それがあまりに不適切に感じられたため、そうした関係を維持しとおす価値が見出せなかったということです。たとえば、「飢餓に苦しむエチオピアにお茶を一袋送るようなもの」なのだと。この事例について検討する中で、私たちは、サンディーはV先生を、赤ん坊にすべてを捧げ、赤ん坊が死んでしまわないように常に傍らにいる母親でいなければならないという気持ちにさせていたのではないかと理解するようになりました。実際、母親というものは、赤ん坊が生き続けられるかどうか、自分のすべてをかけて心配し、気遣うでしょう。赤ん坊に自分の世話ができることを誰も期待しませんから、サンディーもV先生が来てくれたとき、なんら気にしてはいなかったのです。V先生が、その心配を一手に引き受けさせられたのです。V先生はパニックに陥り、「死ぬほど恐い」と感じたのですが、それは、サンディー自身は感じていなかったことで

（訳注２）義務教育終了時点で義務付けられているOレベル試験のこと。サンディーは、Oレベルに一教科も合格することなく義務教育を終了したものと思われる。注一の高等教育機関では、こうした人たちが再びOレベル試験を受けなおすためのコースも提供している。こうした試験を受けるのに、特に年齢制限はない。

（訳注３）ホームレスの人びとに福祉局が提供する簡易宿泊施設であり、定住の場ではない。

す。母親以外の誰からの世話も嫌がる赤ん坊のように、「私はここに居るから、先生が面倒を見てよ」とサンディーははっきりと言い放ちました。サンディーは、明らかに非現実的でしたが、理想化というものは現実との関わりをなくします。また、これは非常に早期の原初的な関係の取り方でもあります。

V先生は、サンディーの際限のない要求に、どこかで制限をしなければならないことは分かっていました。そして、実際に医者にかかるように提案もしたのですが、否定的な反応が返ってくるのみでした。サンディーは、今までに「面接で一言も話さずに、精神科医を二人もやっつけたことがある」と言うのです。V先生が特に困ったのは、サンディーがもうすぐホステルを出ていかなければならないため、代わりの部屋が見つかるまでV先生のアパートに泊めてほしいと言い出したときでした。V先生は、家庭生活に侵入されるのは受け入れられないと思ったものの、それではサンディーはどこに行けばいいのでしょう？　幸い、ホステル側は代わりの部屋が見つかるまで、彼女の滞在を許可してくれました。

V先生が制限を設けることが難しかったのは、それが導くだろう結末、特に自殺を恐れたためだったということです。セミナーグループでは、V先生の関わりがはたして本当にサンディーの助けになっているのかどうかが話し合われました。結局、いつかは限界を設定しなければならないときが来るでしょうが、それが先になればなるほど、サンディーにとっては受け入れるのが難しくなるでしょう。それは彼女を落胆させるだけでなく、おそらく凄まじい怒りをも、もたらすことになるでしょう。V先生がサンディーとの関係を変えようとするのなら、そうした反応に対する心構えをしておいた方が良いでしょう。V先生は、「あなたの欲しいものすべてをあげることはできない」と言うことで、これまでの理想化された立場から、激しく中傷される役割にまわることになるかもしれませんが、彼女はそれを恐れていたのかもしれません。平地の上で転ぶよりも、高いところから落とされる方が受ける傷は大きいものです。サンディーは、何を与えられてもそこに価値を見出さないかもしれません。しかし一番の問題は、V先生があまりにも理想化された関係に引きずり込まれているために、V先生のほうが、他のどんな援助も役に立たないのだとサンディーに同意するようになってはいなかったか、ということです。ある意味で、「飢餓に苦しむエチオピアにお茶を一袋送る」と言った時の彼女は、そうだったと思われます。

サンディーの問題のひとつは、ひどい混乱であると思われました。実際、これはV先生のみならず、私たちの事例検討セミナーのグループにも非常に強いインパクトを与えました。まるで、サンディーの認知が、距離を越えてセミナーの場でもかなり強く作用しているかのようでした。白熱した議論の末、私たちは、サンディーは何がどこに属し、誰が何をできるのかといったことを整理できるような助けを必要としているのではないかという点で一致したように思われました。サンディーは、制限されることには強く抵抗するかもしれませんが、それは彼女にとって非常に貴重な経験になるに違いないと思われました。彼女は、よく呆然としていることがあったのですが、それは、自分自身と他者との境界をあいまいにすることになっていたのです。しばらくの間、私は、どういうわけか、いまや私たちのセミナーグループがサンディーの命に責任があるとでも考えているような感覚を持っていました。

数カ月後、私たちは再びサンディーについてV先生の発表を聞きました。この頃、私たちはロールプレイを通して、事例を提示するようになっていました。セミナーグループのほとんどのメンバーは、この方法が、自分の発表する子どもや学生に共感するために有効であると感じていました。ここでD先生が、教師の役割を買ってでました。V先生によれば、今ではサンディーはいやいやながらも、決められた時間に会いに来るようになっていました。

サンディー役のV先生は、足を踏みならしながら、空いた椅子のところまで歩いてきました。鼻に小皺を寄せてしかめっ面をし、椅子の背に寄り掛かって足を投げ出して座ります。D先生の挨拶には応えず、床の一点を凝視しています。D先生が「調子はどう?」と聞くと、彼女は「ええ、いいわ。どうしてそんなこと聞くの?」と、不機嫌な様子で目を上げました。D先生が、「私が、礼儀上、尋ねているだけで、本当にあなたの調子が知りたいから聞いたのではないとでも感じたようね」と言うと、サンディーは意地悪げに、「名簿に名前のある人全部の心配なんてできないでしょう? 仕事がいっぱいあるものね。サンディー調子はどう? はい、次は誰?ってね」と応えました。D先生は、サンディーは自分の時間が三十分あることも、自分が「サンディー調子はどう？　はい、次は誰？」というだけではないことも分かっているはずだが、三十分ではあまりにも短すぎると感じているのかもしれない、と伝えました。面接が進むにつれ、部屋探しの問題についての話題になりました。サンディーは、間借りできる部屋を見つけたのですが、あまり気に入っていないということです。そして、突然、学生自治会の会長に推されたのだと言い出しました（これは実際のことでした）。彼女はとても嬉しそうでした。D先生は、それはどんなことをしなければならないのか、といくらか質問をしました。サンディーは、聞かれるままに話したあとで、「精神科医（shrink）」[訳注4]のところに行ったけれど、たいして良くもなかったと、幾分、腹立たしげにつけ加えました。

　サンディーは、ようやく精神科医にかかることに同意しました。そして、それはV先生ともっと良い関係を築くうえでも役立っていました。彼女は、もしV先生が以前のように甘えさせてくれるのなら、父親的な存在である精神科医からV先生の元にすぐに戻ってくると、しょっちゅう仄めかしていました。セミナーで後になって話し合った点のひとつは、私たちがいかに容易にこの種の誘惑にのりたくなるのか、ということです。D先生は、精神科医のどこが良くないのかと聞きたい気持ちに抵抗せねばならなかったと言います。しかしD先生は、そうした問いは、D先生の方がずっと良いよ、とお世辞を言うように誘いかけているとサンディーが受け取るかもしれないと考えたのです。私たちは、「精神科医（shrink）」という言葉でサンディーが伝える感情についても検討しました。サンディーは、この頃、少しずつ膨らんでいく心の痛みを経験し、それを蹴散らかそうとしていたのです。実際、彼女の人間関係の質は、おとぎ話の世界から、もっと人間らしいものへと縮小している（shrinking）ようでした。それでも彼女は、たくさんの担当の学生を抱えすぎる教師、すなわちひとりの子どもに専心できない母親はよくないし、そういう人は他人のことを気にかけていないのだと言いたげでした。しかしその一方、彼女は不機嫌ながらも自分に与えられるものをうまく利用するということが、少しずつでもできかかってきているようでもありました。サンディーは、V先生が恐れたように、すべての教師に背を向けたわけでもなければ、自殺を図ることもありませんでした。実際、V先生との関係で、それまで以上にドラマティックな出来事は起こりませんでしたし、指定された時間に会いに来ることさえ同意したのです。このように期待を「縮小させていく（shrinking）」プロセスには痛みが伴うものであり、サンディーも確かに痛みを経験してはいました。彼女が人を傷つける必要があったのは、おそらく部分的には、自分の痛みを排除し、代わりに人にそれを感じさせるための一つのあり方だったと理解できるかもしれません。（ロールプレイのときの、「どうして聞くの？」はその良い例です。D先生は、このとき、お腹を殴られたような気がしたそうです。）彼女の怒りは、彼女の期待を「小さくする人（shrinker）」に向けられ、それは精神科医だけでなく、V先生にも向けられていたのです。

教師と自分自身の理想化

L先生は、十七歳の少女、ティナとの関わりの経過をとても詳細に発表しました。ティナは、最近、中近東の国からイギリスに来て、L先生の教えるグラマースクール（訳注5）に入学してきました。ティナは、科学担当のL先生に初めて会ったとき、大学進学準備課程では、数学、化学、物理、動物学と英語を勉強したいと言いました。彼女がこの国に来たのは、立派な教育とキャリアのチャンスを得るためでした。彼女はイギリスを「自分にとってのメッカ」だと憧れていたのです。選択肢テストでティナが非常に高い得点を取ったことは、彼女が以前に高いレベルの教育を受けていたことを示していました。ティナの熱心さと知性の高さは疑いようもありませんでしたが、L先生は、ティナはがんばりすぎる傾向が強いという印象をもちました。またどのくらいの勉強量なら、現実的に可能なのか、ティナの期

（訳注4）縮むの意味を表す言葉だが、精神科医の俗称として一般に用いられる。精神科医の仕事を食人種族が犠牲者の頭部を萎縮させて収集していることに喩え、精神科医に対する迫害感や不信感を表現している。

（訳注5）生徒の居住地等に関わりなく、特別に優秀な生徒を受け入れる、古い伝統を持つ中等学校。

待を制限する必要があると感じました。ティナはしぶしぶこれを受け入れました。一学期のあいだ、L先生とティナとの関係は、純粋に科学の勉強に関することだけでした。しかし次の学期の初めに、ティナは、化学の実験の空き時間にL先生に近づいてきたのです。L先生は、ティナの不安げな様子に気づいて、椅子に座るよう勧めました。するとティナは「先生は、精神分析をするの？」といきなり問いかけてきたのです。（ティナは、幅広く本を読んでおり、治療的援助に関する本もかなり捜していたのです。彼女は洗練された知性を備えているにも関わらず、自分の読んだ精神分析の本に書かれていることを、何か魔法の治癒をもたらしてくれるようなものらしいと誤解していたのです。）L先生は少し驚いたのですが、「いいえ。でもどうしてそんなことを聞くの？」と問い返すと、ティナは、自分は「普通」じゃないので、助けがほしいのだと答えたのです。彼女は、自分は人とうまく話すことができず、いつもよそ者みたいに感じていると説明しました。ティナは、自分の国にいたときも「冗談を聞いても笑えないし、自分が仲間の一員である実感がもてなかった」と言うため、言葉の問題ではないようでした。彼女は、これまでも決して人のなかに容易にとけ込めませんでしたが、現在の状況は、これまで以上にひどいと言うのです。そしてティナは、自分がリーダーの立場にあるときにしか、仲間に加わらなかったということが分かってきました。クラスメートの勉強に対する態度にとても失望していたのです。彼らはティナが自国にいたときに出会ったイギリス人とは違うと言います。しかし彼女が「とても尊敬している」L先生は、そのかぎりではありませんでした。セミナーで発表している際、L先生はこの出来事に対する自分の反応を、「面喰らって、当惑のあまりちょっと笑ってしまった」と表現しました。

続く議論で、L先生はこのときと、それからティナに「精神分析をするの？」と聞かれたときの居心地の悪さを強調しました。L先生は、ティナが自分の問題のうちの一つとして、「父のことに関して、自分の中に嫌なことがある」と話し始めたときにも、同様の居心地の悪さを感じたということです。話しにくそうにしながらも、ティナは、ようやく、父親が食事のときに「動物のような音」をたてるのが非常にいやで、同じ食卓につけないのだと言いました。ティナを悩ませる父親の性癖は、それだけではありませんでした。しかしそれを数え上げるよりは、ティナの素晴らしいことと、嫌いなことという世界の捉え方や、それがL先生に与えるインパクトについて焦点を当てる方が有益かもしれません。このティナとの話の最後にL先生が感じたのは、「ティナに、ただちに解決策を示せないけれど、私のところに相談に来て無駄だったとか、絶望したまま見捨てられたと思ってほしくない」ということでした。L先生は、次にティナと会う機会がくるまでに、何かティナが心にとどめられるような良いものを残してやりたいと考え、ある本の中の「自己を尊重する」という章を読んでみることを薦めたのでした。

週明けにティナに出会ったとき、彼女はその本のほとんど全章を読んでしまったということでした。本は、とても面白く、特に「疑いとためらい」――これは実は、初めてティナに会ったときにL先生の中に強く引き起こされた感情でした――が良かったと話しました。L先生は、ティナの、精神分析をして悩みに即座の解決策を与えてほしいという、唐突な要求に呆気にとられていたのです。この少女が、援助者として自分に明らかに過度な期待をもっていることに圧倒されていたのでした。また自分が、その期待に添えるものかどうか非常に不確かでもありました。ティナがL先生を本当に尊敬の対象として経験しているのか？　あるいは、強大な期待をL先生に置いているだけなのではないのか？　このことを私たちは話し合いました。ティナにとって、世界は、明確に二つに分かれているようでした。一方は、イギリス、文化、メッカで、L先生は、かなり理想化されたグループに含まれています。もう一方は、軽蔑すべき故国と「メッカ」の基準に達しないすべてのイギリス人、なかでも最低なのは、「人間以下」の父親でした（ここで重要なのは、ティナがイギリスにやって来たときの教育水準が非常に高かったことです。これは、母国から与えられたものを評価するティナの能力が、軽蔑的な見方のために著しく損なわれていたことを証明しているものだと言えます）。

L先生が過度に尊敬されることに居心地の悪さを感じたのは、理解できることかもしれません。彼女は尊敬されていたのではなく、理想化されていたのでした。すべてを与え、問題を解決できる（ティナは精神分析を魔術的な治療法と見ていました）ほとんど聖なる対象（「メッカ」）という期待に応えることが求められていたのでした。L先生が、ティナを「手ぶら」で帰すことに罪悪感を覚えたとき、理想像というプレッシャーに応えるべきだとある程度の義務さえ感じていました。そのため「自己を尊重する」を、週末に読むよう示唆することにつながったのです。L先生は、自分にティナを助ける能力があるのかどうか疑わしく、自分自身が「自己を尊重する」ことに関して何か読む必要があると、ティナに感じさせられていたのだと語りました。理想化されることは、自分の本当の価値について、強大な恐れを引き起こします。もし理想化に夢中になるか、あるいは共謀すれば、与えられる選択肢はふたつです。神託のような答えや魔法の治癒をもたらす落ち度のない人間になるか。そうでないなら、役立たずで取り柄のない、ゴミとして体験されるしかないのです。おそらくL先生のティナとの会話のなかで最も有益だったのは、私たちが自分自身にも人にも、ときに不可能なほど高い基準を設けることがある、と話したことでした。その高い基準に添えなかったとき、相手が自分のことを全く良くないと考えるに違いないと感じるものですが、実は、誰よりも自分自身が、自分は全く良くないと考えてしまうのです。

この話の後、ティナは、自分で対処できる以上の教科を取っていたと考え、物理をあきらめることに決めたのです。彼女は、とても安堵したようで、もっと元気そうに見えました。しかしある日、ティナは再び、かなり取り乱してやってきて訴えました。「一体、いつになったら終わるの？　少しの間でもこの苦痛から逃れるために、眠りたい気がするの」。彼女は、苦痛が何なのか明かしませんでした。L先生は、この少女について自分が対処できる以上の責任を引き受けてしまったかもしれないと、うろたえ、悩みました。そして、ティナがそれほど深刻な問題を抱えているのなら、本当は医者に診てもらうべきではないかと思いました。このことをティナと話し合い、ティナは家庭医に連絡することを約束しました。その後、L先生はひどく絶望し、悩んで自分の限界を認めたことが、ティナを大いに助けることになったと考えられるようになりました。数日後、ティナは「まるで誰かが、肩の荷を降ろしてくれたみたい」と話しました。彼女は医者の助言を求めることなしに、この悪い状況を乗り切ったのです。L先生が、生徒との関係で価値あるものを維持できるという信念を失うことなく、「悪いけど、あなたは私がしてあげられる以上のことを求めている」と言えたことこそが、ティナに新しい可能性を開かせたのかもしれません。人間は特別に賢明だとか、まったく望みがないかのどちらかしかないと感じる必要のない世界を、ティナに垣間見させたのかもしれません。この選択は、多くの「疑いとためらい」や、自分の判断力と能力を絶えず見直すことを伴うものであり、あまり魅力的なものとは感じられないかもしれません。

黒と白（魔女とおとぎの国の守りの女神）のおとぎ話の世界にいることで、私たちは不安定で激しい変動にさらされますが、同時に葛藤や罪悪感や不確かさから解放してもくれるのです。人間関係は、まったく非現実的な型にはまった見方に押し込められてしまいますが、こうした高い代償にもかかわらず、人間や国や経験はすべて、はっきりと白黒に分けられたうちのどちらか一つに当てはめられてしまうかもしれません。その分類システムは、あまりに単純化されたものなのです。

分極化の試み

サンディーとティナのケースで興味深いのは、母親的人物と理想化された関係を作ろうとする一方で、父親的人物を二義的、または中傷される役割に格下げしようとしていたことです。ティナの父親の場合は、実際にL先生が理想化されていたのと同じくらい中傷されていました。V先生の提示した素材からは、サンディーがV先生の夫が存在しないかのように振る舞って、いかにV先生のアパートのリビングルームを乗っ取ろうとしていたかがわかります。また彼女は、男性の精神科医を公然と中傷しました。この文脈で、D先生が「精神科医」に対する不満を引き出したくなるのを抑えたことが、サンディーには非常に助けになったことがわかります。D先生は、パートナーを犠牲にして、自分を理想化することを許さない親として振る舞いました。彼女は、怒りと軽蔑を容易に精神科医に向けることも、サンディーの不機嫌を回避することもできたはずです。もしサンディーが否定的な感情のすべてを「ひどいお父さん」に向け、再び「お母さん」の腕の中にこの上なく幸せに抱きつけたら、もっと心地よく感じられていたかもしれません。子どもの抱える問題を助けようとする場合、一時しのぎの簡単な解決策か、避けがたい欲求不満に直面する助けをするかのいずれかの選択を迫られることがしばしばあります。もし自分にとっても子どもにとっても、居心地の良い状況を維持することが主な目的であるなら、成長は望めないでしょう。

これまでの例に見られた分裂のタイプ、すなわち「お母さん」を「お父さん」と反目させようとする試みは、かなり強烈なものでした。こうした現象は、学校場面では無数に起こってはいても、はっきりとした形では現れないことのほうが多いと思われます。英語教師のF先生は、英文学のためだけに学校に来ている十二歳のシャロンついて発表しました。ほかの授業はすべて退屈で、他の先生たちも全員どうしようもないと言うのです。その日の事例検討セミナーの後半で、このF先生は、ケビンという生徒の扱いに困っているとも言いました。ケビンは、授業中に絶えずいたずら書きをして、F先生の言うことに全く興味を示さず、レポートを書かねばならない際には、わずか二～三行しか書かないということです。彼は数学の先生を絶対的に崇拝しており、その先生の授業のためには一生懸命に勉強するのでした。興味と態度の違いはあるにせよ、私たちセミナーグループにとっての主な課題は、F先生が話す人間関係の質を探究することだと感じられました。議論のなかでF先生は、数学の教師に、ケビンがその非常に優れた知性を、少しだけ数学以外の教科に向けるように説得してもらえないかと頼んだのだと言いました。ある意味では、F先生はその同僚教師に少し譲るように頼んだとも言えます。自分の好きな教科と教師に対するケビンの理想化は、皆にとって苦痛なものでした。これは、F先生が自問するきっかけを与えました。シャロンが英文学と自分を理想化するのを、自分がどれほど助長させていたのか？　あるいは、それにブレーキをかけていただろうか？　そして自分が、数学教師とケビンの特別な関係に感じたのと同じように、同僚も彼女に腹立たしい思いをしていたのではないかと思うにいたりました。彼女は、理想化される立場と、その反対の立場、すなわち「悪い、退屈な先生」に立たされることでは、どんなに気分が違うものかと自分自身を観察する感受性を持っていました。また別のメンバーは、こうした現象を「仲たがいゲーム」と呼び、教師はその悪影響から、互いを守りあうべきだと示唆しました。その先生は、自分の学校でも、教師間の関係が非常に悪化した事態がいくつか思い浮かぶと言います。特に、ひとりの教師が多くの生徒たちの間で、ある種のアイドルになり、それを楽しんでいるようなことがあったそうです。また彼は、この教師は多分、自分が人気者であるために、ほかの教師が苦労を強いられていることに気づいていなかったのだろう、とも言いました。

また違った文脈ではありますが、ある高等教育機関のW先生が、自分の担当学生との間でかなり当惑させられた体験について話した際にも、似たような問題について議論しました。W先生が、二十代後半の若者コリンと初めて出会ったとき、コリンは、奨学金や住居やカリキュラムから、とても深刻な個人的事情にいたるまで、信じられないほど広範な問題を並べ立てました。W先生は、これらの問題すべてに即効の解決策を与える、奇跡の人であることを期待されていると感じました。このときのW先生の感情は、おそらくティナがL先生に「精神分析をするの？」と唐突に尋ねたときに、L先生が経験したものと同種のものでした。W先生が、これらの問題すべてを直ちに解決することは無理であり、もう一度会って少しずつ対応していこうと言うと、コリンは立ち上がって、腹立たしげに部屋を出ていき、ほとんど一カ月近くW先生に会いに戻って来ませんでした。

この最後の例は、サンディーが彼女のもとに帰って来ないかもしれないというV先生の不安が、全く根拠のないものではないことを示しています。理想化されることや、それにともなう際限のない要求を受け入れないことは、実際にそのような危険をおかすことになるのです。コリンは、W先生を避けているあいだ、ほかの教師のところを「一通り回って」誰か奇跡を起こしてくれる人を捜していたようだと、W先生は言います。幸い、教師間の「相互の合意」があったらしく、コリンは、W先生と張り合い、「仲たがいゲーム」に共謀する教師を見つけられませんでした。しかし、もしコリンが味方を見つけていたら、非現実的な期待を抑えようとするW先生の試みは、台無しにされていたでしょう。こうした問題は、特に大きな学校や機関で起こりやすいかもしれません。組織が大きいと、コミュニケーションが難しいため、生徒が「仲たがいゲーム」を成功させるのも容易で、スタッフ同士の敵対もおこりがちになるのです。

理想化とけなし

「先生は、私のママみたいじゃないわ」

家庭と学校の間で、この種の状況が起こるのは珍しいことではありません。中には、もっともらしく憂鬱な家庭状況を語ったり、親のことを悪く話したりする子どもがいるかもしれませんし、教師のほうでもその話を無条件で信じてしまうことがあるかもしれません。すると、その子どもに同情して、家庭内の難しい問題を、自分との関係で補償してやらなければならないと感じるようになります。「先生はいい人ね、怒鳴らないし、私のママみたいじゃないわ」などと言う子どものおだてに乗せられないでいるのは大変難しいことです。

セミナーグループにいるある教師が、興味深い例を挙げてくれました。彼女は、アネットという一二歳の子どもについて話しました。アネットは、調理実習の時間が終わったとき、ビスケットを家に持って帰っても、母親はぼろくそに言って、ゴミ箱に捨てるだけだから、しようがないのだと言うのでした。その教師は、アネットの母親とはしばらく後の参観日まで会う機会がありませんでした。ですから、そのときまで、この母親は無神経で拒否的な人だというイメージを心の中に持ち続けることになったのですが、実際に会ってみて、彼女が本当は暖かく、子ども思いであることに、教師はとても驚いたのです。私たちは、アネットの、ゴミ箱に捨てられるというコメントは実は大変意味深いことであり、教師の目に母親のことを悪く映させ、母親をゴミのように扱わせようというアネットの試みと結託しないことが大切であると思いました。

ときには子どもの家庭生活についての話が、かなり正確な場合もあるかもしれません。かなり困難な状況にあって、その点で教師のほうも子どもに共感するだけの理由がある場合もあるでしょう。これはちょうど、他の教師の振舞いについて子どもが疑問視する気持ちを共有することがあるのと同じようなものです。このような状況に置かれたときには、**その子どもにとって**最も有益なのは、どんな態度なのかを考えなければなりません。悩みを聞く心構えができていることと、愚痴を言うのを助長させることには、大きな違いがあります。ここまで、「仲たがいゲーム」のある**ひとつの**際だった局面、すなわち教師同士、学校と家庭の間に分裂を作り出す結末を中心に見てきました。しかし、子どもは自分自身の感情をも同時に分裂させているのであり、多くの子どもは客観的な現実と関わりなく、そうしたことをする強い傾向があることを心にとどめておく必要があります。成長に伴う痛みは、おとぎ話の世界にしがみつくことで迂回されます。そこでは、魔女か、おとぎの国の守りの女神のいずれかにしか出会うことはありません。ひとりの人間に対して入り交じった感情を持つという苦痛に満ちた経験は回避されるのです。サンディーは、こうした態度を手放すのが、どんなに難しいのかということを示してくれた良い例でした。彼女がそれと対峙して成長するために、できる限りの助けを必要としていたことも見てきました。**彼女の心の中の**分裂は、彼女の成長を大きく妨げていたのでした。

慰めか発達か

さきほど「慰めか発達か」の選択は、頻繁に直面する選択肢だと述べました。そして、たとえばティナやサンディーが、「安易なやり方をしながら」、かつ成長することなどは、ほとんどあり得ないと思われることも見てきました。彼らが求める「慰め」のタイプをいま一度見直し、本当にそんなに心地よい状態なのかどうかを検証することが、ここでは有益だと思われます。ティナは、確かに「大勢の中のひとり」であることに躊躇がありました。彼女は、リーダー的立場にある時だけ人と交わってきたと言い、L先生との関係では「特別扱い」を望んでいたことには疑いの余地はありません。彼女の中では、自分は母国の水準をはるかに越えているのでそこには帰属しないという感情と、自分はイギリスの同級生よりもずっと優れているらしいという感情とが交差していました。もしL先生が互いを理想化しようというティナの案を受け入れていたら、「疑いとためらい」は、たぶん迂回されたでしょうが、ティナの孤立感はさらに強まっていたでしょう。「先生のお気に入り」は、決して人気のある役柄ではありません。また深いところでは、自分が引き起こした嫉妬や羨望のせいで、特権的な立場から引き下ろされるかもしれないと常に身構え、怯えることになります。さらに黒と白の局面には、中間がないということ、すなわち特別な存在だったのが、最後にはゴミの山にいるかもしれない危険性があることも見てきました。思春期の青年は、ポップミュージック界の不安定なアイドルの運命を見て、この不安を強くします。トップチャートに一カ月いても翌月には忘れられるのです。そのアップダウンの早さは、とても驚くべきものであり、狼狽させられるものといえます。

サンディーのなかの怯える子どもの部分を見ると、すべてを与え、いつもそばにいて彼女に対する全責任を負う理想の母親によって守られるという期待が、おそらくは、自分の恐怖をすべて肩代わりしてくれる人物を求める気持ちから生まれたものであることがわかります。それはまるで「私は恐い夢を見られないから、誰かとても強い人に代わりに見てもらいたいの」とでも言っているかのようです。しかしV先生が彼女の要求通りにしたときに、彼女の心の奥の恐怖が消え去ったかどうかは疑わしいことです。どこかで、どういうわけか、サンディーはそれがいつまでも続くものではないことを知っていたに違いありません。彼女には二十二歳にもなる赤ん坊というだけでないものがあり、学生自治会では、現実との良いつながりが持てたことを知っていました。おそらく彼女は、自分の不安定な立場を感じていたために、V先生のアパートに執着して自分の居場所を見つけたかったのだと思われます。V先生がサンディーにいつも注目するのを止めたとき、サンディーは、自分がはたしてV先生の心の中に存在し続けることができるのかどうか、V先生の学生の中のひとりでいられるのかどうか（「名簿に名前のある人、全部の心配なんてできないでしょう?」）、彼女のなかに大きな疑問が起こりました。これはサンディーの中に、自分がまったく忘れ去られ、「放り出される」かもしれないという予感があることを示唆しています。サンディーが特別の庇護を求めるのは、恐れや不安のためですが、自分だけが注目されることは、恐れや不安の潜在的な源にもなることを考えると、この悪循環はさらに明白になります。

サンディーは、おそらくV先生がほとんど限界に近くなっていたのに気づいていたと思われます。事実その通りで、V先生は初めてセミナーグループで発表をしたとき、サンディーの要求が増すにつれ、このように支えきれない状況から逃げ出せる唯一の可能性として、仕事を辞めるという考えがよぎるのだと言っていました。V先生は、本当に仕事を辞めるつもりはありませんでしたが、そうした考えをグループの中で話したことで、彼女が対処しなければならない不安のほどを私たちは知ることができました。これは私たちにとって非常に役立ったといえます。V先生は、時間と心だけではなく、住居までも完全に侵される経験をしました。全面的に依存してくるサンディーの生命に責任を感じるよう仕向けられ、この不安に耐えることも、少しずつエスカレートする状況を調節することも、実に困難であると思われました。

この状況のこの一面を見ると、理想化に基づく関係は、最初のハネムーン期間の一見したところの心地よさにも関わらず、遅かれ早かれ、子どもにも教師にも多くの不安を引き起こすことになるのだということが分かります。こうして起こる不安が、現実の関係の中で迂回された不安より好ましいかどうかは疑わしいものです。実際、それは分が悪い取引でしかないかもしれないのです。

第六章　けなす関係

前章でけなすこと（denigration）は、理想化と相補的なものとして触れてきました。もし一人の人間や、あるグループ、ある考え／理想のなかに、**ひたすら**陽性の感情だけが投入されるとすれば、そうした感情は陰性の感情から完全に分離されることになります。そうなれば陰性の感情を、多かれ少なかれ進んで受け入れ、黒く染められる（black-washed：denigrate はラテン語の denigrare から派生した語で、人や評判を汚す、悪く言うという意）受け皿を見つけなくてはならなくなります。

けなしがかなり明らかでも、理想化があまりはっきりしない場合があります。前章の少女は二人とも、教師への全面的で非現実的な依存関係を求めていました。そこで、ここでは、世話をしてもらう願望が否認されている事例について考えることが有益でしょう。つまりどんな依存感情も拒否し、「誰も必要としない」というタイプの子どもです。こういった事例では、けなしが大きく姿を現し、理想化は存在しても、**自己理想化**の形を取って見られます。

事例一・依存に耐えられないこと

ポールは、担任のD先生が、「利口過ぎて指導しようのない子ども」と表現する九歳の男の子です。教師が算数の基礎的概念を学ばせようとすると、ポールは自分の唯一の興味は宇宙工学であり、算数などには時間を割きたくないと言うか、そうでなければ教育内容が自分のレベルに達していないと不平を言うのです。D先生は、ポールのことでしばしば途方に暮れ、万策尽きたようにも感じていました。私たちは、ポールが弟のサイモンをとても構うのだということも聞きました。あらゆる方法でサイモンに対して母親のように振る舞い、彼を「窒息するほど甘やかす」のです。サイモンは、元気な八歳児で、兄の過保護な態度をまったく歓迎していませんでした。トイレに付き添われたり、お弁当を開けるのに手を出されたりするのを嫌がっていたのです。D先生は、サイモンに手助けを拒絶されたポールが「哀れ」に見えたのですが、サイモンが運動場でころんで膝を擦りむいたときには、「とても思いやりのある看護師」のように振る舞っていたと話しました。またポールは、サイモンが自分を必要としてくれることを必死で求めており、膝を擦りむくよりもっとひどい怪我でも歓迎したかもしれないと言います。このとても洞察力のあるD先生は、ポールの振る舞いが兄弟愛の溢れ出たものではなく、もっと他の何かによるものかもしれないと気づいているようでした。

ポールは、クラスのほかの男の子たちとうまく関われず、人気もまったくありませんでした。女の子にはどこか傲慢に接しますが、中にはポールの男尊女卑的ともいえる振舞いを魅力的に感じる子もいるようでした。知的障害のある少女メアリーに残酷な軽蔑を持って接するのも、クラスではポールだけでした。たとえば彼は、トイレに頭を突っ込むメアリーの絵を描いたことがありました。

保護者懇談会で、D先生は、ポールの母親がまったく意気消沈して、「自分が助けてあげる機会を息子がくれさえすれば」と願っていることを知りました。母親は、ポールが夜中に泣き叫んでいるのを何度か聞いたことはありましたが、仮に自分がなだめに行ったところで、彼は絶対に母親を追い出し、自分が泣いていたことも否定するだろうと感じていたのです。母親は以前の経験からこう思っていたのですが、同時にポールが実は援助の手を必要とする、とても惨めな子どもだということにも気づいていました。しかし母親は、自分には、なす術がないと感じていたのです。D先生と同じく、母親もどのようにポールを援助すれば良いのか、途方に暮れていたのです。母親は、ポールの学習困難についても心配していましたが、宇宙のことに関してはとてもよく知っているのだから、知能は高いはずだと思うと話しました。

D先生は、ポールの母親に会ったおかげで、ポールによって引き起こされる感情を位置づけるのに役に立ったと語りました。D先生は、ポールが泣くのを見たことはありませんでしたが、ポールがとても不幸な子どもで、自分の弱さを否認し続けてきたのだと感じることができたのです。この後セミナーグループの雰囲気に、かなりの変化がありました。グループは、最初ポールの絵（知的障害の少女の絵）について聞いた際、かなり距離のある反応をしていました。このポールの行動は褒められたものではなく、当惑させられるものであったかもしれません。しかしこれは、ポールが自分の「標準以下」の部分（実際、彼の学習状況はあまり芳しくありませんでした）を、自分から切り離し、誰か他の人にお仕着せる必要があるという観点から理解できるかもしれないと私は示唆しました。この少女は、そのためまさにぴったりの受け皿だったわけです。この絵は、ポールが、いかに自分の中の受け入れ難い汚点の部分を便器の底に流してしまうことで、「宇宙工学者ポール」という欠点のない自己理想化された姿を守ることができればいいと願っていたのかを表わしています。ポールの標準以下の部分について討議するなかで、D先生は、自分の教え方が「標準以下」だとあからさまに言われていたことに、再度触れました。ポールは、D先生にも、少しは勉強面で普通以下であると感じてほしかったのでしょうか？　グループは、この考えを一笑しましたが、私は、グループのメンバーたちに、ポールの振舞いの悲劇的な性質について考えるのが辛いため、ポールの行動に滑稽な側面を見つけようとはしていないかと、問いかけました。ここに私たちが明らかに見ているのは、援助や教育や世話、そして特に理解を必要とする少年なのです。しかしこの子は、依存感情を抱くことに耐えられないため、かわりに弟の世話をし、教師の指導レベルをもっと良くしようとすることで依存感情を無視し、自分から切り離そうとしているのです。そして、彼は、たった一人で涙していたわけです。ポールの母親も私たちも、その涙が何だったのか分からずにいたのです。私たちができたのは、いくつかの仮説を立てることだけです。たとえばポールの防衛システムは、水（涙）も通さぬほど完璧ではないのかもしれません。サイモンが望んでいないのに、「世話の必要な小さな子ども」という気持ちを引き受けさせたり、「学業成績の上がらない子ども」という気持ちを知的障害の少女メアリーに引き受けさせたりしましたが、それらを実際にトイレに流してしまうことはできなかったのです。ポールは、こうした不適切な感情に、孤独の中で直面し、そしてそれによって自らの孤独に直面させられていたのでした。

ときにポールよりずっと激しく、ほとんど「水も通さぬくらい」依存を強く否認する子どもに出会いますが、ポールの自己理想化の鎧には隙間があると分かったことは希望でした。ポールが泣いているときに寝室に行ってやっても、彼がそれを侵入的にとらえるだけだろうという母親の感覚は、恐らく正しかったでしょう。私たちは、D先生のポールとの関わりにおいて、何が最も役立つのかを話し合いました。それは、たとえばポールがサイモンの母親役をしようとしてうまくいかず、ポールが惨めそうにしているような場合に、ポールの鎧の隙間を突き破ったり、そこに入り込んでみたりすることではありません。D先生もポールが「動揺しているようにみえる」ときに、突然、弱さに直面させるようなことはしたくないと同意しました。また一方で、過去にそうしてきたように、教師の側が、自分が提供する思考の糧のようなものをポールが受け入れることができるように、彼の気を引くようなやり方を見つけようと、原則を曲げてでも必死になる傾向は抑えることができました。これは、食の細い子どもの母親が、何とか食べさせようと、あらゆる手を尽くすことと同義だと言えます。そうした行為はたいていが、教師にせよ母親にせよ、自分の提供するものを繰り返し拒絶されることで、意気消沈させられてしまった結果だと言えます。教師も母親も、拒絶という耐えようのない痛みに圧倒され、子どもをだましだましするかか、あるいはあるメンバーが言ったように「良くない品物を売るために素晴らしいコマーシャルをうつ」以外に、方法が見えなくなってしまうのかもしれません。D先生は、ポールについて万策が尽き、あるいは途方に暮れたときに、実際、一度ならずとも、自分の指導の質を疑い始めるようになっていたのだと話しました。

ポールには、自分の不適切感を人に託す必要がかなり強く、そうした感情の投影（否認し人に委ねてしまうこと）

が、実際にとても強力だったであろうという証拠が豊富にありました。ポールが教師としてのD先生のあり方に対して、再び軽蔑的な評価を下したときは、微笑みで返せばいいが、それは「ちょうど良い微笑み方」である必要があるだろうと、D先生はとても繊細な理解を話しました。それは「釈迦に説法はやめなさい」と伝えるような皮肉な微笑みではなく、ポールの気持ちは分かっても、彼の評価には賛成しかねるという、こちらの感情を伝えるような微笑みです。あるメンバーは、おそらく「完璧な人などいないよ」といった親しげで冗談めいた言葉が、D先生がポールの中傷ぐらいでは壊れたりしないという感覚を伝えられるかもしれないと言いました。もしこの体験がポールの自己理想化を少しでも和らげられるなら、彼に宇宙（宇宙工学への興味は確かに意味のないことではないのです）から下りてくる勇気を与える助けとなり、ついにはポールが援助の手を受け入れられるようになるかもしれません。十分な時間と、人が自分の防衛パターンに共謀しないという体験を与えられて、ポールの中に、自分を全面的に依存させずに、育て、理解しようとする他者がいるのだという信頼が徐々に発達しえるという希望が持てる可能性が出てきます。しかし気がかりなことも残ります。というのも、ポールが小学校にいるのはあと一年だけなのです（幸運なことにD先生は持ち上がりです）。中学校に進学すれば、もっともっと問題を引き起こしやすいものです。

事例二　依存から身を守るものとしてのギャング（徒党を組むこと）

さてここである意味では、ポールの防衛よりはるかに強固なバージョンといえる、ほとんど隙間なく自己理想化の鎧をまとった思春期の少年について述べたいと思います。

フランス語の女性教師のT先生が、十五歳のリチャードについて発表しました。T先生は、病気でクリスマス休暇後の最初の授業に出られず、代理教員である男性のS先生が授業を受け持ったということでした。次の授業にリチャードは遅刻して来ると、明らかに失望して「あの男の先生じゃないのー？」と言いました。T先生がS先生は代理の先生だと伝えると、リチャードは「あーあ、なんてこった。あの先生はジェネシスが好きだったのに」と言いました。ジェネシスはリチャードが「ほとんど中毒」になっているポップ・グループです。

T先生は、このクラスの女子で「噂話の専門家」のナディアから、S先生が授業をほとんどしないで、終始、リチャードとジェネシスについて話していたのだと聞きました。リチャードはS先生に、T先生がジェネシスの話をさせてくれないのだと言い、「T先生は、ポップ音楽に興味を持つにはちょっと年がいってるかな」とも言ったそうです。そしてS先生がT先生の年齢を尋ねると、リチャードは「ああ、彼女は中年女だよ」と答えたというのです（実際にはT先生は三十代前半のとても魅力的な女性です）。

ここでT先生の大変生き生きした描写を引用しましょう。「授業は、男子と女子の二グループに分かれ（よくあることです）、互いに少し離れて座ったまま始まりました。ある短文を読んでいた際、リチャードに朗読するよう言うと、彼は『先生、また僕なの？』と応じました。彼は、こんなことには一生懸命にはならないのだという感情を伝えるかのように、とても邪魔くさそうにウンザリした調子で読み、実に多くの間違いをしました。重要な試験のための授業だったので、彼がこの課題にもう少し努力をしないと、及第するのはかなり難しいだろう。そして補習についても少し話す必要がある。私はそう言いました。彼はある種の誘惑的な、また、私にとってはむしろ無礼な声で、『はい先生。それって先生の家でするの？　それとも僕の家？』と答えたのです。私はかなり引いてしまって、なにも言えませんでした」。

「たまたまリチャードは、もう一人のジェネシス・ファンであるマイケルの隣に座っていました。彼らは互いに小声で話し始め、彼らの行動にはとても秘密めいたものがあるように感じました。何を話しているのか、どうしても尋ねたくなったので聞いてみると、彼らはジェネシスについて話していたと言いました。」

「私は、クラスのほかの生徒たちに、フランス語の不規則動詞の過去形について教えようとしていました。そこで、リチャードとマイケルに質問し、授業に参加させようとしました。マイケルは静かになりましたが、リチャードは、フランス語を学ぶのにこんな退屈なやり方で動詞を学ばなければならないはずはなく、もっと違った面白い方法が取られるべきだと言いました。私はきっぱりと、多分、すこし怒り口調で、自分の指導方法についてのアドバイスなど求めていないと言いました。授業の後半に、リチャードにとても簡単な質問をしました。ほんの少しでも注意を払っていたなら、答えられるはずでした。リチャードは、答えるのが面倒だったのか、おそらく質問の答えが、本当にわからなかったのかもしれません。彼は、いいかげんな間違った答えをしました。私は堪忍袋の緒が切れ、『馬鹿を装うのは止めなさい』と言いました。リチャードは『僕に八つ当たりしないでよ、先生』と癪に触るような無邪気な声で答えました。私は、堪忍袋の緒が切れてしまったことでリチャードのゲームにはまってしまい、彼が引きずり下ろしたかったレベルまで自分が下りてしまったことに気づいて、涙——激怒の涙が出そうになっていました。授業の終わりに皆にさよならを言い、教室を出たときにはかなり落ちついてきました。リチャードは『僕にはさよならって言わないの？　先生』と、先ほどの『先生の家、それとも僕の家？』を思い起こさせるような口調で背後から叫び、私は非常に苛立ちました。リチャードはカセットを手に廊下をついてきて『これ借りたい？　取引できるよ…僕がジェネシスの良さを教えるよ。それで、先生にその良さがわかったら、僕は先生のフランス語の動詞を一呑みに覚えるよ』。」

「私は、取引は好きではないとだけ言いましたが、すっかり油断してしまっていました。おそらく先に堪忍袋の緒が切れたことで、まだ罪悪感をもっていたのでしょう。カセットを受け取りました。家に帰るやいなや自分が間違いを犯したことに気がつきました。（リチャードより）自分自身にとても腹が立ち、テープを最後まで聴けませんでした。（ところで私にも好きなポップミュージックはありますが、ジェネシスは好きではありません。）次の授業でリチャードにカセットを返しました。私は、カセットを聴いたかどうかは言いませんでしたが、取引のためではなく、Oレベル（訳注1）に向けて勉強する方法を見つけなければならないと言いました」。

この発表は、非常に幅広い問題を私たちに突きつけました。この日の討論で上がってきたポイントをここでいくらか取り上げたいと思います。

T先生は明らかに、前章で「仲たがいゲーム」と呼んだものに巻き込まれていました。代理教師のS先生は、十五歳児のクラスの中で、兄貴分の青年と見なされたのでしょう。（もちろん、S先生の実際の行動については、私たちはほとんど知りません。リチャードや、善意の情報提供者であるナディアが客観的報告をしたかどうかも当てにはなりません）。これは、T先生が「中年女」で、ポップ・ミュージックの年齢は過ぎているという言葉でもっと強化されています。（ギャング形成の入口にいるような青年も含めた）思春期の若者が、両親像について話す様子を大いに連想させます。二十五歳以上はみんな中年で、もう終わっている、と定義されるかもしれません（普通の思春期の若者は、前の世代をだしにして、自分たちが性的市場を独占していると確信しています）。T先生にとって、こうした攻撃の的になるというのは、明らかに辛いことです。幸いなことに、彼女はまったく「中年女」には見えません。それでも彼女は、何か突然、自分が老いた感じがし、自分が「終わって」いないことを示す必要に駆られて、カセットテープを受け取るという間違いをしたのかもしれないと思ったのです。

T先生のエピソードには、もう一つ痛みを伴う体験がありました。それは、リチャードとマイケルがコソコソ話をしていたときのものです。ここには大人（特に両親）の関係から締め出された幼い子どもの感情が含まれています。すなわち、大人同士が囁き合っている状況の記憶、あるいは、夜、閉ざされたドアの向こうにある「秘密」が知りたくてたまらないという記憶は、誰にでも、いくつになっても、よみがえってくるものです。何を話していたのかとリチャードとマイケルに聞きたくなったT先生の衝動は、こうした状況下で彼女の心に喚起された幼少期の感情という文脈で理解できるかもしれません。この経験は、リチャードが彼女の授業を退屈だと言って、教師としての大人の役割を攻撃され、骨抜きにされていたので強まりました。T先生は、自分の子どもじみた行動を思うと、自分で自

（訳注1）英国における義務教育修了資格試験。中等学校の卒業時である十五－十六歳で受験し、以後、大学進学希望者はAレベル取得のための学校に進学する。

分を蹴飛ばしたくなるくらいだと言います。私はどこか品位を損なうような「子どもじみた（childish）」という言葉と「子どものような（child-like）」という言葉の違いを強調しようとしました。私たちのなかの子どもが、大人としての生活を深刻に侵襲してくるのを避けるには、自分の中にそのような子どもの部分が存在していることを認識すること（根の無い木などありえないのと同じです）、その子どもの部分がどう感じているかをできるだけ知ること、そしてその子どもの部分の面倒を見るしかありません。そうすれば、自分の中の子どもの部分が私たちの生活を支配することはありません。無視したり、軽蔑したりすることでは、これは絶対に達成されません。

ポールは、自己理想化の罠にはまった子どもですが、リチャードの親的対象（たとえば二十五歳以上の教師）への軽蔑的な態度は、**仲間グループの理想化**に基礎があるようです。リチャードは、マイケルや代理教員と小さな「アンチ親ギャング」を作ろうと奮闘しているのがわかります。T先生をガールフレンド候補として扱おうとする試み（『先生の家、それとも僕の家?』）と、取引に応じるようにという誘いかけは似たような文脈で起こっています。もし交換条件という仲間原理に従うのなら、彼はフランス語の不規則動詞を覚えるつもりさえあったのです。その場合、リチャードの頭の中では、自分は退屈なフランス語の動詞と引換えにジェネシス（創造／生殖）の喜びを与える、豊かで寛大なパートナーになったでしょう。T先生は、ポップ・グループファンのギャングに加わるよう誘われたのです。（ジェネシスというような言葉が、いかに退屈でない素晴らしく魅力的な行為というイメージを喚起するかについて容易に推察することができるでしょう）。リチャードの取引の中身は、疑う余地もなくはっきりしています。すなわち、依存感情は排除されるべきなのです。T先生がフランス語文法より、もっと重要なものを与えてくれるという認識、T先生の教師としての専門性のみならず、フランス語の不規則動詞をはるかに越えた、学習過程の媒介になろうという気持ちも排除されるべきなのです。T先生は、目前の試験だけなく、いま取り組まねばならない課題に対するリチャードの責任感を引き出そうとしています。このT先生の試みは、先生自身も非常にはっきりと分かっているようにに、リチャードの罠にはまっているうちに、失敗へと運命づけられてしまいました。T先生は、セミナーで、「あの男の先生じゃないのー?」というリチャードの発言の罠に、まんまとはまってしまったのだと言いました。T先生は、そんなふうに教室に迎えられることなど、まったく予想もしていなかったのです。セミナーグループの助けで、T先生は、おそらくリチャードは、自分が休みを取ったことで生じた、クラス内のとても複雑な感情を代表して声にしたのかもしれないと、振り返って見直すことができたのです。

たとえS先生がどんなに「素晴らしかった」(リチャードの言葉)としても、生徒たちはT先生の欠勤を憤っていたのでしょう。いずれにせよT先生は罰せられるべきだったし、実際、罰せられたのです。忠実なナディアは、リチャードの侮辱的言葉(「ポップ音楽には、年が行き過ぎている」や「中年女」)をT先生に伝える役割を取っていますが、その詳細な報告にも、かなりの敵意が読み取れます。こうした言葉は、T先生を傷つける意図のあるもので、実際にT先生を傷つけました。マイケルは、自分からクラス/ギャングのもう一人のメンバーになっているようです。彼は、リチャードと一緒になって、T先生を軽んじ侮辱して、T先生に自分は(両親と子どもという)三角形の孤独な一点(子ども)だと感じさせています。

このT先生の発表は、グループ内にとても強い感情を沸き起こしました。彼女が勇気を持って「深く自己嫌悪に陥った」状況をセミナーに持ち込んでくれたおかげで、ほかの教師の多くも良く似た事例を持ち寄れるようになりました。教師の多くが、そのキャリアのどこかで、リチャード・タイプの生徒に直面しています。T先生が発表した状況では、T先生の欠勤が、彼女が打ちのめされた軽蔑的な扱いの、少なくとも一因として考えることが有益だったようです。しかしメンバーのひとりが、この動機は、子どもたちが軽蔑的に振る舞うすべての状況に拡げられないと、適切に指摘しました。なかには休日や教師の欠勤にまったく関係なく、一貫して持続的にけなすような態度を通す子どももいるようです。

T先生の発表に関連して、特に侮辱的な子どもをなだめたり、「買収」したりしようとする誘惑について話し合う中で、ひとつのテーマが浮上してきました。それは、子どもが長期にわたって欠席することで、特定の教師にとどまらず、学校全体に軽蔑を拡げているときに、教師たちに引き起こされる強い感情の問題です。怠学と学校恐怖症の子どもの問題は、かなり違うものかもしれません。しかし多くの教師が、いずれの子どもたちにも登校するよう「買収」したくなる誘惑を感じていることが明らかになったのです。つまりリチャードの言葉に置き換えれば「彼らと取引すること」です。たとえばＫ先生は、十四歳の長期欠席者、ジリアンについて次のように話しました。

ジリアンは復活祭の卵に誓って、もし一週間連続して登校すれば、あらゆる特権が認められるという約束をしてもらいました。彼女は休憩時間に、他の子どもが怖いと言って、ときどき職員室のドアをノックします。職員室に入ることを許され、ときには教師と一緒にコーヒーを飲みます。私は、この優遇措置は、仲間への恐怖心を弱めるどころか、増すことになっただろうと思います。なぜなら必然的に、他の子どもに羨望や敵意をかき立てることになるからです。

自分の役割の価値下げに直面したときに、とても重大な大人としての課題は「良くない品物を売るために素晴らしいコマーシャルをうとう」として引き起こされる苦痛な感情に反応しないことです。まずは人に買ってもらう「製品」に対する**自分自身の**評価を振り返ることでしょう。実際、批判や侮辱ですら、ときには自分の仕事を見直し、評価あるいは再評価する機会となり、そして改善の余地をいつも見つけられるだろうことは疑いの余地がありません。しかし大切なことは、表面上魅力的に見せかけるためだけに、製品の改善に目を向けるべきではないということです。

お乳をうまく飲んでくれない赤ん坊の母親との対比に戻ってみましょう。思うに、コックとしての自信を回復させる手段としてよりも、成長するために必要な燃料として食べ物を受け入れること（学校場面では考えるための素材）に関係していることは、とてもはっきりしています。実際ポールもリチャードもあまり食べない子どもであり、学ぶこともうまくありませんでした。ふたりが、いかに依存することに耐えられなかったかを見てきました。しかし同時に彼らは羨望がつよく、より豊かな人が自分を深めるものを与えてくれるかもしれないということを受け入れるのが、とても難しいと考えられるのです。

教師をけなすように駆り立てる一因としての羨望

羨望が原因で教師をけなすような攻撃をしていることが、ほとんど純粋なかたちで現れている事例について述べることで、本章を締めくくりたいと思います。

N先生の逐語記録の報告に入る前に、ここで描写される授業が学年の終わりにかけてのものだということを明記しておく必要があると思われます。N先生のクラスの子どもは、先生が夏には学校を去り、故国に帰ることを知っていました。

「グロリアはその年のはじめ、ほかの学級から移ってきた西インド諸島系の少女です。私は前の年にすでに彼女を教えたことがあったのですが、かなり破壊的で難しい生徒だと思っていました。彼女は座ろうともしませんし、自分からは何もしようとせず、お気に入りのセリフといえば『できない』か『分からない』でした。かなり配慮が必要な子どもでしたが、はたして彼女に配慮してもそれを有効に使っているかどうかを考えると、あまり報われている気持ちがしませんでした」。

「先週の水曜日、教室は比較的子どもが少なくて、雰囲気は静かで心地良かったのです。私たちは精霊降臨祭のあとの一連のテストに備えて、かなりの時間を一年間の復習に充ててました。ほとんどの子どもは自習しており、私はあちこちで手伝ってやりながら教室を巡回していました。グロリアもきちんとやっており、何度か助けを求めてきました。彼女の後ろにはほとんど課題に取り組まない、サンドラとルーシーというふたりの女の子が座っています。私は、優秀でまとまりのあるクラスの中で、このふたりは私の失敗そのものだと思っていました。彼女たちはクスクス笑いをしたり、お喋りをしているか、そうでなければぼうっとしています。私は、彼女たちに、必要なときに助けを求めたり、課題に取り組んでみようと仕向けたりすることすらできないのです。ふたりのうちの一人サンドラは、去年、かなりの特別支援を受けて、実際に飛躍的な進歩を遂げたのですが、私の授業では勉強への意欲がまったく消失していました。もうひとりの少女ルーシーは、私にはとても陰険に思えるのですが、完全に引きこもるばかりで、実質上、まったく勉強しません。グロリアは、彼女らのクスクス笑いやお喋りに加わろうとしていました。彼女らはクラスの雰囲気を落ち着かないものにし、通路を隔てて座り、課題に取り組んでいるジョセフィンの邪魔になっていました」。

「私は彼女らのところに行き、少しでも課題に取り組むようにと励ましました。私は、ルーシーに話をしようと机の上に身を乗り出していたのですが、グロリアが、ほどけて垂れていた私の髪の端に櫛を入れ始めました。私は彼女にやめるよう頼み、髪がもつれて痛いのだと言いました。子どもたちは、これまでにも私の髪のことをとやかく言ったり、触ってきたりすることがありましたが、私は特に問題にしていませんでした。グロリアは、少しうっとうしいと感じるまで続け、止めるようにと三回頼んで、ようやくやめました。それから彼女は私の後ろに立ち、『そうね。とても、もつれているわね』といいながら、私の髪を持ち上げるのを私は感じました。その後、奇妙な沈黙の後、彼女は再び席につきました。振り向き立ち上がったとき、グロリアが顔に薄笑いを浮かべ、ジョセフィンも笑っているのが見えました。ほかの少女たちも妙な様子で、私を見ていました。私はもう一度グロリアを一瞥し、彼女が櫛を持っていないことに気づきました。私は手を髪に回してみて、彼女が髪を一束にして櫛のまわりにきっちり巻き付けたことに気づきました。ひどいことをする、とは言いましたが、このときはまだ、それほど怒っていませんでした。それから私は髪をほどこうとしましたが、それには髪を切る以外に方法がないと悟ったのです。するど、グロリアが近づいてきて、自分がほどくことができると言うのです。そして、どうするか分かっているから、と弁明しながら何度も髪を摑もうとしました。私は、怒りが沸騰してくるのを感じ、戻って席につかないと、ものすごく怒ることになるわよ、と言ったのです。彼女はすこしは恐れたようでしたが、まだ笑っており、その後もクスクス笑いを続けました。ほかの子どもたちは、この様子を見て、すこし当惑しているようでした。私は座って、ひどい怒りや傷つきを感じていました。また私は、彼女は、私が髪を切らなければならなくなるとは気づかずに、こんなことをしたのだろうかなども考えながら、しばらく髪と格闘していました。ついに私は鞄から鋏を取り出して髪を切り、まだ髪の毛がくっついたままの櫛をグロリアに投げ渡しました。彼女が櫛から髪の束を取り、トロフィーのように持ち上げほかの少女たちに見せると、あたりは少しどよめきました」。

前に書いた通り、ここに引用した出来事は、学年末にかけて起こったものです。グロリアは一番良いときでも、御しやすい生徒ではありませんでした。しかしN先生の話のなかには、失うものの価値を下げてけなすことで、喪失の辛い感情を避けるという極端な例を見ることができます。グロリアの非常に軽蔑的な行動は、クラスの他の少女たちからも全く支持されていませんでした。美しいもの（N先生の髪）に対する具体的な攻撃によって、N先生に「結び目が堅すぎて考えることができない」と感じさせるのに成功したのです。

このけなしのプロセスが、高くつくことに疑いの余地はありません。価値ある人の思い出を守ることは、人を豊かにしますが、痛みをともないます。これに対してけなす行為は、鎮静剤として作用します。価値を下げられた教師は、感情と髪のもつれの中に置き去りにされ（幸いにもN先生は実際にはこのようなことになりませんでしたが）、ポールの絵の少女メアリーのように扱われます。つまりみんなの心から押し流されかねないのです。実際このようなプロセスは、とても心を枯渇させるものであり、グロリアのような子どもには空虚でうつろな感情を残すことになるかもしれません。T・S・エリオットは、心がうつろな状態の二次的利点を詩「虚ろな人（The Hollow Man）」に美しく描写しています。

こうして世界が終わる、こうして世界が終わる、
こうして世界が終わる、大きな音をたてることはなくただすすり泣きの声だけを伴って。

第七章　有益な関わり

これまでの第五章と第六章では、極端になった関係の危険性について検討してきました。そこで、教師が、理想化されたりけなされたりすることに共謀するのを止めることで、もっと有益なプロセスが導かれるのが分かりました。多くの場合、こうして教師はもっと希望を感じるようになります。たとえば、あるセミナーメンバーは、この講座を振り返る話し合いの会で、「この講座に来て、〝希望を注入〟してもらった感じがします」と言っていました。以下の例は、理解というものが、どれだけ希望を生み出し、教師という仕事に対するとらえ方を変化させたのかを呈示するものだと思われます。

傷つける子ども

事例（a）

G先生は、別の学校から転校して来て、最近、幼児クラスの二年目に入ったばかりの五歳半の女の子、ヴィヴィアンについて発表しました。この子どもに対するG先生の最初の反応は、とてもネガティブなもので、なぜ自分がヴィヴィアンを好きになれないのか、自問したと言います。ヴィヴィアンは、クラスメートが自分はダメで幼いと感じるようにさせる力を持っていて、G先生は困惑していました。ときとしてヴィヴィアンは、自分の才能や達成（たまたま彼女は、クラスで唯一、上級の本を読んでいました）を自慢し、他の子どもたちは自分の能力に自信をなくさせられるのでした。彼女の存在を勉強の邪魔だと感じる子どもたちもいました。ヴィヴィアンが入級して来る前と比べて、あまり勉強ができなくなったからです。

あるときヴィヴィアンはクレヨンを二本なくしてしまいました。彼女はある子どもが盗ったと責め、G先生にその子を叱ってほしいと言ってきました。G先生がヴィヴィアンのもっと良い面をみることが難しく、「癇に障る」体験の一例です。ある日の休憩時間に、ヴィヴィアンがお菓子を持って来たと言ったときにも、G先生はとても不愉快になりました。ヴィヴィアンは、特に傷つきそうな子ども（彼女は、こういうことを察知する第六感があるようでした）をはずして、お菓子をあげる数人の子どもを選び出したのです。ヴィヴィアンの行動のこういった側面は、どれくらい彼女がわざと他人の気持ちを傷つけられるのかをはっきりと示すものです。

G先生は、ヴィヴィアンが時として暴力を振るう例も挙げました。あるときなど、G先生はヴィヴィアンが、男の子をかなりひどく叩いているのを止めねばならないほどでした。この男の子は、やや発達の遅れがあり、すぐに泣くのですが、このときもヴィヴィアンの攻撃にひどく傷ついていました。G先生は、ヴィヴィアンの自慢話の例を挙げました。たとえば、自分の家はとても大きいので、近所の人はみんな知っていて、番地がなくてもいいくらいだと公言するのです。またヴィヴィアンは自分で自分を止められず、行動を抑えるのに（他人の）助けが必要で、決して幸せな子どもではない、と感じるとG先生は言います。たとえばあるとき、ヴィヴィアンがたびたび持ち物をなくすことをG先生が指摘すると（クレヨンは盗まれたのではなく、なくしたのでした）、ヴィヴィアンは激しく泣き出し、慰めようもない状態になったのです。セミナーで、この涙について、時間をかけて考えました。これはG先生が思い出せるなかでは、ヴィヴィアンの数少ない自然な振る舞いの一例だったと思われました。G先生は、ヴィヴィアンは総じて、自分の感じるままに感情を表出したり、微笑んだり笑ったりするのがとても難しいのではないかという印象を持っていました。セミナー・グループには、ヴィヴィアンの涙を、いつも完璧な外見を維持する必要があるらしい彼女の、教師から非難されたことへの反応ではないかと考えるメンバーがいました。G先生は、これまでもヴィヴィアンに近づこうとして、できるかぎりの優しい調子で話をしようとしてきたのだということです。G先生が、ヴィヴィアンのことを上級の本を読む完璧な子どもとしてではなく、むしろ自分を保つのが難しく、物をなくすのも、内的不安定感と関連があるかもしれないと気づくことで、ヴィヴィアンが多少なりとも理解されたと感じる可能性はないでしょうか？　G先生は、ヴィヴィアンの内面の脆弱さについて同意するとともに、この子は、自分が好かれていないことを感じつつも、他の子どもを見下したり、ときに傷つけたりするような振る舞いを止められないでいるのだと考えました。

セミナーでは、ヴィヴィアンについて何度も話し合いました。G先生がヴィヴィアンのことを単にクラスにいる利発な子どもとしてではなく、ひとりの人間として興味を抱くようになると、ヴィヴィアンの成績が前より目立たなくなったというのは興味深いことでした。実際、彼女の読む能力は、しばらくのあいだ減退したかのようでした。G先生は、ヴィヴィアンの情緒的・身体的にサディスティックな行為に対して限界設定をするなど、かなり断固たる態度をとるようになったということです。またヴィヴィアンのことを、他の子どもたちと何ら変わりがないと考えていることもはっきりと伝えました。たとえばクラスの子どもたちが本を読んでいるときに、絵を描くような無分別はもはや許されず、皆のする活動に参加するように求めたのです。最初のうち、ヴィヴィアンは幾分、腹を立てていた様子でした。しかし「いつも一番でなければいけない」という努力を徐々に止められるようになったことで、G先生は彼女の中に、ある種の安堵感が芽生えたのも察しました。G先生は、ヴィヴィアンが前より自然に振る舞えるようになり、欲求不満や腹立ちを感じて泣くようにさえなったと気づきました。これは、以前にはほかの子どもたちに涙を流させていたのとは対照的です。

この例は、心の痛みに自分で持ちこたえられない子どもが、いかに同級生や教師などに対して、人を傷つけるような振舞い、つまり自分の痛みを人に投げ入れるような行動をとるかについて、考える機会を与えてくれました。心の痛みに耐える力が弱いほど、多くの痛みを人に負わせる（投影する）のです。G先生は、最初、ヴィヴィアンは人を傷つける子どもだと考えていましたし、それが彼女を不愉快にさせていたのでした。G先生が彼女の振る舞いで引き起こされた苦痛に耐え、考えなしに反応するのではなく、その意味を理解しようとしたことが、ヴィヴィアンを大いに助けたといえます。たとえば、他の子どもを鞭で罰してほしいとヴィヴィアンから頼まれたとき、G先生は彼女に懲罰的にならないようにするために、かなり努力せねばならなかったと言います。このクレヨンのエピソードは、三歳になるG先生の娘のキャロルが、生後六か月の幼い弟をひどくつねった時に生じた苦悩を思い起こさせたということです。G先生は「小さな子どもたちを教えているせいか、過保護なお母さん鶏のような気持ちがでてくるんです」と言います。しかし中学校以上の段階の教育に携わる他のメンバーも、ヴィヴィアンと似たように振る舞う、もっと年齢の高い子どもから、同じ強い感情を引き起こされると言います。

人を傷つける子どもがいると、教師がクラスの他の子どもを保護する必要性が生じますが、これは懲罰的な態度にならなくても、毅然とした態度をとることで行うことができます。懲罰的になる誘惑はとても強いものです。しかし衝動的に反応するのではなく、余裕を持って考えるスペースを維持することで、このような誘惑に打ち克つことができます。キャロルの明らかな嫉妬を、理解しようとすることで癒すのではなく「身をもって分からせる」ためにつねっていたら、それが彼女のためにならないことは、たやすく想像できると思われます。ここで、ヴィヴィアンの読む能力の一時的な後退を、G先生は、自分の教師としての失敗だとは考えなかったと付け加えておくことも必要でしょう。勉強がよくできることの主な動機が、他の子どもたちに羨望を起こさせ、駄目だと感じさせることにある場合、そのパターンに共謀しないでいると、生徒が**一時的**に学習意欲を失うのは珍しいことではありません。そして徐々にもっと健康的な動機、すなわち学ぶことの喜びを見いだせるようになることが望まれます。それは最終的な喜びであり、決してささやかなものではありません。

理想化された関係の章（第五章）で、ティナが試験のために履修する計画をしていた教科のうちのひとつを取らないと決めたときにL先生が喜んだように、G先生もヴィヴィアンの成績が一時的に下降したことに落胆しませんでした。これは二人の教師の優先事項に、重要な変化が起きたことを示唆しています。この二人のような教師は、生徒の情緒的発達やクラス内の対人関係を考えずに、学力を押し上げることが、給料をもらう唯一の誠実な方法だとは感じていないことを意味します。私たちは実際、ヴィヴィアンが自分の能力を自慢して、どれだけ他の子どもたちにダメだという感情を抱かせ、その学習を阻害さえしていたのを見てきました。

もちろん、あらゆる状況で学習の動機を探索するなどということは、教師の仕事の範囲を越えています。しかしその欲求の背後に、何か特別な目的を成し遂げようとするような明らかな証拠がある場合には、どうしてその生徒がそれほど野心につき動かされているのかを考える必要があるでしょう。以下の事例は、この点を例証するものです。

事例（b）

英語教師のR先生は、英文学に興味を持ち、とても聡明で成績の良い少年スティーブンについて語ってくれました。スティーブンは、演技の才能があり、文化祭でシェークスピアのオセロの役を演じることに大きな望みを抱いていました。しかし現実には、あまり重要でない役を割り当てられてしまいました。スティーブンは脚光を浴びたいという欲求がとても強く、このときの彼の怒りと失望は測り知れないほどでした。彼は、R先生が俳優選びに関わっていたと考えて（実際はそうではなかったのですが）、しばらくの間オセロについての小論文を提出しないという「ストライキ」を起こしました。幸いなことに、R先生は、スティーブンが失意を乗り越えて、最終的にはもっと協力的な態度をとれるように援助できました。R先生は、これは二か月にわたるとても骨の折れる仕事だったと話しました。R先生は、スティーブンの不満が絶頂の時点で、ふたりで会話をする機会を持てたことを喜びました。その会話の中で、スティーブンは、オセロの役になった男の子は、「黒ん坊」だったから選ばれたにすぎないと、言いました。R先生は、これに対して、そのような言葉はイアーゴ（訳注1）にふさわしいと、毅然とした態度で臨みました。R先生は、ここでスティーブンが平常心を取り戻し、おそらくクラスの中では人を傷つけるようなそのような言葉を口にしないだろうと思いました。セミナーでは、五歳半のヴィヴィアンと十八歳のスティーブンは、**自分**の痛みに耐えられないために、**他人**に痛みを与え傷つける必要があるという点で、とてもよく似ているとの感想がもたれました。

暴君あるいは奴隷のような子ども

ここで、かなり文脈は異なっていますが、攻撃的で人を傷つけるような行為に圧倒されず、それを理解し受け止めていくことが大切な、別の事例をみていきましょう。ダレンは前年、学校を大変よくさぼり、現在中学校の第三学年に在籍している十四歳の移民の少年です。彼は年下、年長、同年輩に関わらず、男子に対してしばしば暴力をふるいます。読み書きについては相当な努力が必要で、補習にも出ていました。事例の報告をしたのは彼の学年主任のS先生で、ダレンの暴力的な振る舞いをどう扱ったらよいかを考えたいということでした。S先生の学校ではいまなお体罰が行われているのですが、彼自身は鞭打ちに反対であるため、学校内の他の教員との間に摩擦があるとのことです。ダレンは、幼児期に体罰を受けていたようで、一度父親があまりにも強く打ったので、彼の背中で箒の柄が折れてしまったと得意げに話すのを、S先生は聞いたことがありました。S先生は、ダレンがこの出来事を語るとき、なんだか楽しそうであり、学校で鞭打たれることも、楽しんでいる面があるのではないかという印象を抱いていました。S先生は、ダレンが補習の教師との間に築いた関係の質に疑問を抱いていると話しました。ダレンはある程度進歩しましたが、一部にはこの教師がとても「厳格な」人だからだと、S先生は考えていました。その先生は一度ならず、「ダレンは鞭打たなければ、駄目だよ」と言っていました。S先生は、これはダレンにとって、とても有害だと感じ

(訳注1) シェークスピアの『オセロ』に登場する悪役。オセロに妻への嫉妬心を吹き込み、妻殺害という悲劇にいたらしめる。

ていました。そして体罰を受けるような事態を引き起こすダレンの力に、なにか不健康なものを直感的に感じ取っていました。またS先生は、この少年と親しく接するのは無理だと感じていましたが、それは事実、誰にとっても非常に難しいことだったのです。ダレンはよくポケットにトランジスター・ラジオを入れて、イヤフォンをつけて登校し、時に授業中でさえもラジオを聴いていることがありました。彼が鞭打たれるのは、こういった挑発的な振る舞いのためでした。S先生は、しばしばダレンに挑発されましたが、懲罰的な態度があまり良い効果を生み出さないと感じていることを、ダレンに伝える努力をしてきました。しかし何か別の方法で関わろうとしても、ダレンがかなり堅固なバリヤーを築いているのを思い知らされるのみでした。

私たちは、ダレンの振る舞いが人に与える影響について話し合いました。取り付く島がなく、当てにならず、いつも休んでいて、コンタクトがない。これは、両親と離れ離れになって、三年後にようやくイギリスで一緒に暮らすようになったという、ダレンが体験したであろう感情でした。見知らぬ国に来て、長いあいだ離れていた家族と再び一緒に暮らすのはたやすいことではなかったかもしれません。こうした事情が、与える側であるにせよ受ける側であるにせよ、彼が暴力を引き寄せるのに何らかの役割を果たしているかもしれないことは、一考の余地があるでしょう。ダレンは、S先生が少なくとも鞭打つ人物ではないと見ていることは確かであり、これが、ダレンにとって関係を発達させる基盤になりえるとS先生は感じていました。私たちのグループでの議論では、この少年が人を信頼する能力を発達させるには、どれくらいの時間がかかるだろうかということに焦点が当てられました。鞭打たれることで受けるダレンの喜びは、どこかヴィヴィアンの（体罰ではありませんが）他の子どもが罰せられるのを要求する行為を思い起こさせるものがありました。それが自分自身に対してであれ、人に対してであれ、罰の楽しみにともなう不健康な空想について、私たちは考えることになりました。またこのパターンに共謀せず、受け止め、それについて考えることが、どれほど大切かも考えました。叩くか叩かれるかという関係にのみ引き寄せられるダレンについて理解しようとするS先生の態度は、ダレンにとって、残忍性は抱えられ、理解され受け止められうるのだという体験になるのはずです。

なぜダレンは、自分の気持ちを受け止めてくれる人ではなく、拘束衣を求めたのだろうか？　これが重要な問いです。なぜ彼はそのような非情な感じを人に与えていたのでしょうか？

ダレンの生育史を聞けば、彼が幼いころ苦痛に満ちた体験にさらされてきたことは、ほとんど疑いの余地がありません。おそらく自分では、消化できないほどの苦痛にさらされており、それをすっかり隠さなくてはならないほど、あまりにも深い傷跡を残していたのです。このようなケースでは、消化できない痛みを、興奮すなわち「痛みは美しい」といった態度へと転じることがひとつの対処法になることが稀ではありません。こういったタイプの子どもや大人にとって、自分が奴隷か暴君かは、たいして重要なことではありません。ダレンの場合にも、その両者のあいだの絶え間ない変動を見て取ることができます。また彼には、心理的痛みを、身体的なレベルへと転換してしまった少年だという印象があります。彼は、思考を消去するために、トランジスター・ラジオのイヤフォンを耳につけ、考えたり顧みたりする能力を放棄してしまったかのようでした。たぶん彼は、自分の感情や記憶に触れる危険を犯せないでいたのでしょう。

このような無思考的な態度は、剝奪体験を味わった子どもたちによく見られ、しばしば学習困難とも関連します。もし人生のなかで大切な対象がいなくなり、その後、急にまた現れるというようなことがあったなら、次には自らがスイッチを切り、**自分の**「届かなさ」を人に味わわせるのです。このセミナーを通して、S先生は、ダレンのつかまえどころがなく、当てにならない振る舞いの性質を理解するのを助けられたと話しました。この届くことの難しい少年が、いつか、自分を保護する防護服のいくらかでも脱ぎ捨てて、少なくとも片方の耳からイヤフォンをはずしてもいいと思えるほどにS先生を信頼するまで、S先生は傍らにいて、待ち続けるしかないのでしょう。

セミナーでは、ダレンの防衛パターンを強化させ、彼に届こうとするS先生の試みを台無しにするような鞭の使用の問題について、熱のこもった議論が行われました。状況の困難さに同意しつつも、私は、グループが体罰撲滅運動に入っていかないように、かなり努力せねばなりませんでした。ダレンの問題は、鞭によって強化されたかもしれませんが、鞭によって生起したのではありません。私は、セミナーメンバーが、このことを忘れて、自分たちは「天使の側」にいると考えてしまう罠に陥る危険性があると感じていました。私たちの主な課題は、S先生がダレンを援助するのを助けることであり、S先生の同僚への憤慨を煽ることではありません。「鞭打ちの撲滅」といったスローガンで表現されるところまで議論が白熱したことからも、私たちは、集団力動において、いかに暴力が暴力を生み出すのかという見事な事例を体験したといえます。グループ内で起こっていることを観察し、その意味を理解しようと試み、自分たちのなかに喚起された感情を受け止めて抱えていこうと苦闘することは、私たち全員にとってとても有益でした。

空虚な子ども

L先生は、ジュリアンについて、以下のように発表をはじめました。「彼は大変おとなしい子どもで、動きもありません。今日お話しする彼の行動観察は、いつの日にも当てはまるものです。彼は、私が話しかけると、座ったまま、レオナルド・ダ・ヴィンチの〝モナリザ〟のほほ笑みを思い出させるような微笑を返してくるのです」。それはとても不可解で、近よりがたいのですが、何かとても優しさを感じられるのでした。L先生は、ジュリアンが自分の話を聞いてもらおうともしないため、教師の注意をひきませんし、まるで自分のことには、気づいてもらいたくないといった気持ちがあるように感じていました。このことから、彼女は、この子どもについて特に考えてみようと決めたということでした。彼女は、ジュリアンがとても引きこもっていることが心配だったので、彼について考えてみたいと思ったのです。

L先生は、移民の子どもが高い割合を占める、十歳児のクラスを担当していました。彼女は、子どもの多くが、自分のアイデンティティについてかなり不確かな感覚を持っていることがみてとれると話しました。彼女は同僚から、身分証明書のようなものを書かせて、自分自身を描写させてみてはどうかとアドバイスされました。あなたは自分のことをどんなふうに説明しますか?との問いに、ジュリアンは、「お母さんが、僕は親切だと言います」と書いたといいます。L先生は、このとても風変わりな答えに驚きました。彼のアイデンティティの感覚は、母親が自分のことをどう考えているかによっているようなのです。ジュリアンは、アイデンティティ・カードをもうひとつ書くことに同意し、次は、以下のように書きました。「僕は、教室でも家でも、おとなしいです。とても恥ずかしがり屋で、神経質です。ちょっとだけ賢いかもしれません。僕は親切ではないし、おもしろくもありません。とても几帳面ですが、勇気がありません」。

L先生は、ジュリアンに十分な注意を向けていなかった罪悪感があると話しました。ジュリアンが質問にすぐに答えられないときに、ほかの子どもが話し始めると、ジュリアンの答えを待たずに、そちらの方に向いてしまうのでした。ジュリアンは、よく、「内面がからっぽ」という印象を与える虚ろな目をしています。

この空虚さの問題について、私たちの議論は集中しました。この子は、本当に内面になにもなく、語るべきこともなく、人に注目されることなく、ひとりでいたいと思っているのでしょうか?　あるいは、この振る舞いは、考え、感情に触れる心を持つことを避け、自分自身に気づくことに対する防衛なのでしょうか?　もしそうであるなら、それほどまでに自分を守ろうとしている子どもを、強いてもっと生き生きさせようとするのは、果たして正しいことでしょうか?　ある教師は、そもそも誰もこんな死んだような状態で、この世に生かされているべきではないと言います。ジュリアンの防衛を剝奪するように、強硬な働きかけをしないことが肝要であるように思われました。しかしジュリアンとコンタクトが、取れるかもしれない、そういう可能性に開かれていることは、役に立つかもしれません。おそらく彼は、空虚であるというよりは、いわば防護服のようなものに包まれているのでしょう。もちろん私たちは、この防護服の下にどんな傷が隠れているのか知りません。L先生はこの時点で、ある時ジュリアンが家での出来事を話したことがあるのを思い出しました。火傷をしたことがあると言って、腕の傷跡を見せたのでした。L先生は、火傷をするのがどれほど痛いことか知っていると言って、やはり火傷でできた自分の手の傷跡を彼に見せたということです。その後のグループでの議論で、教師たちは、L先生がそのような個人的なことを話すのが、適切だったか否か考えながらも、多くは、ジュリアンのような子どもには、L先生が、それがどんな感じなのか自分にも分かると伝えたことが大切だったと考えました。議論が進むにつれて、この子どもは実は決してL先生に無関心なのではなく、むしろ無視されていたいというジュリアンの願いに、L先生が共謀させられていたのかもしれないということが明らかになっていきました。

私たちは継続的にジュリアンについての発表を聞きました。L先生は、彼に教室で物を配るのを手伝ってほしいと頼んだのが、とても役立ったと話しました。彼はとても喜んで、きっちりとやり遂げてくれました。それでも、彼の作業はとても遅く、まるで「麻酔にかかっている」かのような印象を与えました。L先生は、セミナーでジュリアンについて話し合って以来、彼が参加したそうにしている時のサインをもっとよく察知するようになったと言います。あるときジュリアンは、クラス討論に参加したのですが、的確に話せず、言うことが何か的外れで、あいまいなものでした。彼女は、以前なら介入していたはずですが、今回は彼に話を続けさせました。なぜなら、これは彼にとって新しい体験であり、初めての試みが、いくらかぎこちなくても仕方がないとわかっていたからです。

つぎはぎだらけの子ども

同じL先生が、別の機会に、ジュリアンとすこし似たジョセフという子どもについて発表しました。L先生は、この二人の子どもを比較することが役に立つはずだと言いました。ジョセフは、いつもとてつもなく大きなカバンを持って来るのですが、その中に一体なにが入っているのかは、誰も知りませんでした。彼は練習帳は決して持って来ず、いつも紙の切れ端を使うのですが、それもすぐに紛失してしまうのです。彼は物を書くとき紙のスペースをまったく考えに入れませんし、非常にゆっくりと書くのです。L先生は、彼はあまり「まとまり」がないのだと言います。これは服装についても同じで、しばしば（冬でさえ）短パンをはき、とても重いアノラックを着て来て、決して脱ごうとしません。彼女は、ジョセフは「つぎはぎだらけの子ども」のようだと言います。彼は、先の丸くなった鉛筆で書くのですが、鉛筆を削ろうとしないため、紙にとても濃い汚れをつけてしまうのです。あるとき彼は、配られた紙が薄すぎて破れるので、もっといい紙がほしいと言いました。ジョセフ自身も、彼が不満に思っている紙と同じくらい脆弱に見えました。たとえばある時などは、鉛筆が机の隙間に入ってしまって、取り出せず、泣き出してしまったのです。学年の始めの頃は、よく泣いていたということです。セミナーでは、ジョセフが教室で泣くのはよい兆候なのか、あるいは現在あまり泣かなくなっているのは改善の兆しなのかどうかと話し合いました。L先生は、ジョセフが自分との関係では、前より信頼感を持てるようになってきたと感じているようでした。時として彼はあちらこちらでまとまりがなく、（紙の切れ端同様）束ねてもらう必要がありました。しかしそんなふうに個人的な注意を向けられると、ジョセフは疑い深げにではありますが、感謝の念を見せたこともあったということです。

ある時ジョセフは、自分がとても誇りにしている物をL先生にくれました。彼は木工に秀でており、それは、指物師である彼の父親の職業と関係がありました。ジョセフは、L先生のところに、自分で彫ったスプーンを持って来て、とても得意そうに見せてくれました。L先生がそれを愛でていると、とても意地悪く、ジョセフができるのは、手を使う仕事だけで、頭が空っぽだという子どもがいました。そしてジョセフを「鈍い」とからかいました。毅然とした態度が、もっとも必要とされる場面でした。L先生は、彼の作品がとても気に入ったと言って、ジョセフをかばいました。彼女は、さまざまな違った種類の木材について話し、彫るときのそれぞれのメリットについて話しました。ジョセフは、自分がいくらか才能と知識を持っている分野について、彼女が興味を示したことに、とてもよく反応しました。このことを基盤にして、彼はほかの学習分野でも進歩を遂げ、クラスにもっとよく参加できるようになっていったのです。

ジュリアンとジョセフは似ているところがありますが、前者が自分の殻からとてもゆっくりとしか出てこられなかった一方、ジョセフは自分に手を差し出してくれる人を切望していたのだと感じられます。おそらく彼は、ジュリアンよりも傷が少なかったためでしょうか、ジュリアンほど対人関係に脅えがなかったのです。

これまで、子どもたちが自分のことを理解してもらうのに、どれだけさまざまに異なる反応を示すのかを見てきました。しかしどれほど理解されることを必要としていても、すべての子どもが、そのように理解され受け入れられることを受け入れられるわけではありません。ここで、ひどい湿疹を患う、孤独でかわいそうな三歳になる女の子について、ある保育所の先生が語ったショックな言葉が浮かんできます。「彼女の皮膚はあまりにもひび割れているので、特にベビーサークルの中で一人でミルクを飲んでいる時など、彼女を抱き上げて、膝の上で抱っこしてやりたいという衝動に駆られるのですが、それができないのです。なぜなら抱っこさえ、彼女を痛めてしまいかねないほどに、皮膚がただれているんです」。このような子どもには、専門家の援助が必要でしょうが、それでも結果は確実なものだとはいえないのです。

第四部　家族や専門機関との連携

E・オズボーン

第八章　生徒の家族と教師との関係

本書は、教師と学生や生徒との関係を理解することと、学校という環境のなかで学ぶことを促進したり妨げたりする要因について多くを割いています。私たちは、教師の理解と問題対処能力が増し、もっとも役立つと考えられることが実践されるのを望んでいます。

教師は、場合によっては、生徒に関わる人びととコンタクトをとる必要もあるでしょう。それはさまざまな専門機関の専門家かもしれませんし、子どもの場合には、ここに親が含まれることになるでしょう。この第四部では、そうした際に起こりうる問題を取り上げたいと思います。

さまざまな問題

親と教師とに良い関係が必要であることは、広く知られており、この点でいつも大きな成果を収めてきた学校もあります。一九六七年に発行されたプロウデン（Plowden）・レポートは、中等教育のひとつの到達点でした。そこでは、教師がいかに親と関係を取るのかといった点が強調されています。レポートは、優れた実践を紹介するとともに、すべての学校に対する提言集としてまとめる試みがなされています。

たとえば、就学前に準備の会合を開くこと。校長だけではなく、担任とも近づきやすくすること。学校開放日

（open days）には、事務的に作品などを展示するだけではなく、教師が個々の親との面談を設定することで、両親がそろって学校に来るのを促すようにすること。他にも、学校案内の小冊子に家庭でどのような勉強を子どもに勧めればよいのかといったことを含めたり、親にコメントを依頼する成績表などが挙げられています。プロウデン・レポートは、学校に来ようとしない親とコンタクトをとる努力をすべきだが、もちろん教師はソーシャルワーカーになるべきではないと言います。このレポートは、こうした基本的考え方を用いた成功事例を網羅した記録なのです。

私は、長く教育心理士として、個々の教師はもちろん、教師グループと話し合う機会を通じて、こうした考えがどのように実践できるのかという理解を深めてきました。私は、プロウデン・レポートに記載されていることをはるかに上回るような援助を提供する学校関係者を知っています。たとえば、ある幼児学校の女性校長は、子どもの発達や育て方など、多くの日常的な問題について、母親たちの相談にのっています。

親のための就学準備の会合のように、現在では一般的になっている優れた実践もいくつかあります。他の例では、たとえば親にコメントを依頼する成績表というものも広がってきています。また新しい算数を学ぶ親のためのクラスや、母親が学校に来て本読みの授業の手助けをするといった、興味深い多くの試みについても聞いたことがあります。

私が教師らと話し合う中では、プロウデンの提案のほとんどは支持されていましたが、支持されないものもありました。その理由には、いささか興味がそそられます。個々の教師は、親の突然の訪問に対応する準備がなく、校長がまず対応することになる場合がほとんどです。多くの教師は、それを不快に思うよりは、こうした守りに感謝し、本務である授業に専念しやすくなると感じています。また学校で特定の人物が、家族に関する継続的で詳細な情報、これまでの関わりの経緯を把握していることで、要望や不満や心配事などをよくわかって対処するチャンスが増えるという利点もあります。

教師による家庭訪問の価値については、さまざまな意見があります。堅苦しくならずに子どもの家庭背景の実情について、有益な気づきが得られること、家庭という子どもの居場所で家族に会えるといった大きな利点があります。

しかし家庭訪問が子どもや親、あるいはその両方にとって、プライバシーの侵害と感じられる際には注意が必要です。多くの場合、学校開放日は親が学校を訪れる主な機会になります。しかしもっと多くの時間を必要としたり、しっかりと話し合ったりするには、開放日の状況があまりにもオープンすぎると感じて、失望してしまう親にとっては、決して満足のいくものではないのです。教師たちはこのことに気づいています。ひとりの親のことを思い出します。その親は、子どもが怖がっているので、水泳を免除してほしいと頼んできたのです。教師は、この要望の裏には、重要な含みがあるかもしれないと気づきつつ、その場でもっとそのことについて話し合えなかったので、その機会は失われてしまいました。そこで、こうした開放日を、個人懇談の約束を取り付ける機会として使うという選択肢もありえます。これはたいへん生産的なことだと思います。

さもなければ何か事態が悪い方向になってから、ようやく親が学校に呼ばれるということになりがちです。このときは多くの場合、教師が子どもを児童相談所や学校心理士に紹介しようとする最初の機会でもあります。次の二事例は、私が相談にのったものですが、相談機関への紹介に親の協力が望めそうにないものでした。しかし親との懇談が、教師に新しいアプローチを考えるきっかけになったものです。

最初の事例は、軽微なものだったのですが非行が気になる十代の少年です。彼の親は、それまで一度も学校に来たことがありませんでした。督促に応えて、ようやく父親だけがやって来ました。父親は、少年の母親が深刻な広場恐怖症で、外出できないのだと語りました。この長期にわたる問題と、そこから生じる家庭内の緊張は、親としてのコントロールを困難なものにしており、それまでになされた家族援助の試みには全く反応できないでいたのです。この時点で教師は、この問題は自分の手に余り、状況をいささかも変えられそうにないと無力感を抱きました。しかし少年のもつ問題については、もっと理解が深まったと感じました。この共感は、教師がこの少年のことをもっとしっかりと把握する基盤になりましたし、こうして少年に対してより毅然とした態度を示すことが、この少年にとってさらなる手助けとなったのでした。

次の事例は、弱々しい十歳の少女です。彼女は、読解力が突出して劣っていることが問題になっていました。両親とともに少女は、校長と補習担当教師に会いにやってきました。面談のなかで、母親が一時期、重病であったことが説明されました。父親は「私たちは、もう少しでお母さんを失いかけたんです」と言い、それから娘のほうを見て、「だから、おまえはお母さんを助けるためにも、読み方の勉強をしなければいけないんだよ」と話しかけました。こうした家庭でのプレッシャーを垣間見たことで、教師は少女が読むことに抵抗する背景を理解し、さらに成長することと、それに伴う責任といった彼女の気持ちについても理解できたのです。これは、教師の少女に対するアプローチを修正するきっかけとなりました。

次の二事例も、学校と家庭の対立を防ぐためには、直接のコンタクトが役立つことを物語っています。ひとつ目は、親が子どもの成績表が悪いことに腹を立てて抗議してきた事例です。親と話し合う中で、その少年が親に対して、宿題は出ていないと言っていたことが分かりました。親の方では宿題があったほうが、息子にとって良いと感じていたのです。しかし一方でその少年は、教師に親への反感を持たせようとするかのように、教師に対しては、家には宿題ができる場所がないと言っていたのでした。そして親と教師が、その少年にとって適切で一貫した課題を与えていくことに合意したときから、大きな改善がみられるようになったのです。

ふたつ目は、母親に病欠の手紙を書かせて、母親を怠学に協力させていた少女の事例です。校長と母親との数回にわたる面談は、母親の決意を固めるのに役立ちました。そして少女の登校日数にも、改善が見られるようになったのです。

こうした事例において、親が喜びや感謝を表現してくれたり、また親に教師がわが子を価値ある大切な存在だと見てくれていると感じてもらえることは、教師にとっては時に予期せぬボーナスとなります。子どものバックグラウンドを知ることで、子どもへの理解を深め、その結果、教師は子どもへの指導に配慮したり、もっと毅然とした態度で接したりできるようになるのです。また親と協力することで、子どもが双方の無知を利用して学校と家庭を対立させるのを防げるようになります。つまり相互の誤解がとけるようになるのです。

授業に関して、特に初めての子どもが就学するときには、最初の段階で読みや算数のおおよその到達の程度を説明しておくと良いと教師は言います。そうすることで、親の不安をやわらげられるからです。中等教育レベルでは、教科選択に関する親の誤解や特定の進路のために必要な条件について、親が知らないだけといった事例がかなり多いようです。こういう問題の多くは、一度の話し合いではっきりするものです。しかし、もっと深く根ざした態度がある場合、それを変えるには、不十分な場合もあります。良い話し合いだったと思われた後の変化が、それほどでもないことが多々あります。そうなると教師は、失望しないではいられなくなります。

親と教師には、自分たちが子どもから肯定的に見られたいという願望があります。そこから親と教師の間で競合関係が生まれる場合があるのですが、それによって互いに避けあうといった事態が引き起こされることもあります。親自身の学校時代の未解決の感情や子ども時代に根差す恐れや反抗心のために、学校の教師とのコンタクトを避けたり、歪めたりすることがあるかもしれません。親の方は、自分の子育てのまずさを非難されると不安を感じているかもしれませんが、一方で教師の方は、授業のやり方がまずいことや生徒を指導できていないことを責められるのではないかと身構えてしまうかもしれません。これが怒りのこもったやり取りにつながってしまうならば、コミュニケーションを避けることにもつながると言えましょう。こうした不信感のある状況では、教師は、親の一見時代遅れな考えと比較して、もっと優れた知識やスキルを誇示したいという子どもの願望に、知らず知らずのうちに引き込まれ、結託させられてしまうかもしれません。

子どもとの個別カウンセリングには、教師やカウンセラーへの子どもの信頼感を維持すると同時に、親にとっても受け入れ可能なスタンスを取り続けるという特別の技術と能力が必要です。

以下の詳細な事例報告は、やはり教師グループの事例検討セミナーで発表されたものの抜粋です。こうした状況で起こりがちな問題について例証するものだと思われますので、ここで取り上げることにします。

家庭的背景を把握して理解したいという願いが、その家庭の歴史や状況について、必要のない情報まで積み上げていくことになる場合があります。

事実の追求

トムは怠学傾向のある十四歳の少年でした。担任は、彼のことをもっとよく理解しようと、母親に連絡を取りました。そこで、トムが実際には学校を欠席しているのに、学校での出来事について、家ではまことしやかに嘘をついていることが分かりました。トムはまた、欠席理由についても嘘をついていました。こうした嘘を知った担任は、自分が信頼できる客観的事実も、彼とカウンセリング的な関係を築くために必要な信頼も、何も持ち合わせていないと感じました。早い時期に分かった事実のひとつは、このひとり息子の両親は、特別に厳格なある宗教の信者だということでした。少年の嘘に対する担任の怒りは、この家庭の厳しい雰囲気を知ることで、いくらか和らぎました。とは言え、嘘のために担任は、トムに対して過度に同情的な立場をとるように操られていたと感じ、「本当の真実をつかむ」決心をするに至ったのです。

セミナー・グループも、事実を知る必要の一色に染まり、あふれんばかりの質問が噴出しました。たとえば、家庭生活が実際にどんなものなのか、親の信仰はどういうものか、これまでにどのような連携がとられてきたのか、トムはどんなふうに育てられたのか、等々です。また現状を解決する手立てとして、事実を知る必要性が、強調される方向に傾いていきました。たとえば、トムがこのまま「逃げおおせない」ように、家庭と学校で欠席については必ず連絡をとりあうべきであるとか、教師はトムに嘘に気づいていることを伝え、本当のことを知りたいのだと話すべきであるとか、教会の指導者を引き込んで援助を求めてはどうかという案も出ました。もちろんこの人物については何も分からないし、そうした要求をすることが適切かどうかも定かではなかったのですが……。

もちろん、こうしたことが役に立つ可能性もあるのですが、この懲罰的な雰囲気は、魔女狩りの始まりを示唆するものでもあります。いずれにせよ、トムの立場から彼の怠学を理解するには、私たちはセミナーを始めた段階から一歩も近づいていないことは明白でした。またここで示唆されたような教師側の行動に、トムがどのように反応するのか、仮説を立ててみることすらできない状態でした。この時点で、私たちの中から共感というものが失われていました。おそらく怠学と同じように、解決困難な問題から逃げ出していたのだと思われます。そこで私は、担任がトムとおこなった面談の細部について、そこに含まれるトムの嘘の性質について考えてみることを提案しました。そこに現れてきたのは、ほぼ実現困難だと思われるある専門職への野心を抱く、中程度の能力をもつ少年の姿でした。欠席は、失敗の弁解になっていたようです。トムは自分の限界を悟って、別の進路を考えるという痛みを伴う選択をするのを避けていたのでした。思春期のこの少年の自尊感情の大切さと独自のアイデンティティを確立しようという試みは、ほとんど試行錯誤を許さない、制限のある厳しい家庭に育ってきたことで困難に陥っていることが、この文脈で理解できるように思われました。このとき、セミナー・グループの何人かの教師は、自分の思春期の悩みを思い出していました。そしてグループでは、再びトムに対して、共感的ではありますが、現実的な新しい見方が出てきたのです。それは、トムに職業ガイダンスをする計画がたてられはしないか、というものでした。ほとんど変化を望めない家庭背景に対し、怠学は重要な問題として残りました。しかし事実にこだわるよりも、トムが自分自身をどうみているかということについて話し合うことに重きが置かれたことで、教師は、トムの欠席や遅刻を取り締まるよりも、家族関係をわずかながらでも改善しようと試みるようになりました。トムの嘘の背後にある絶望感は、個別カウンセリングが必要なことを示唆するものでした。家庭環境についての情報は役に立つものですが、ときに事実を積み重ねていくことに没頭しかねません。それは最終的には、本来求めているはずの理解というところから、私たちを遠ざけてしまうこともあるのです。

協力か共謀か？

次は別の十五歳の少女の怠学の事例です。この事例では、家庭との協力が、少女に対する共謀に近いものになってしまいました。シャロンには、長期にわたる断続的な欠席というパターンがありましたが、それ以外には特に注意をひくことはありませんでした。ちょっとした事故があり、担任教師（シャロンのクラスの少女らに、カウンセリングをしたり、勉強を教えたりする役割を持つ）が、シャロンを病院に連れて行くことになりました。この時、シャロンは自分の家庭について、両親の離婚、その後再婚した母親が、再び離婚を考えているといった不幸な身の上話をしました。このことでシャロンは心が乱れて、母親とケンカをしているのだというのです。この教師は正義感にかられて、シャロンの家庭環境にはもっと調べなくてはならない問題があると考え、シャロンの母親との面談を設定しました。この教師は、母親からシャロンが最近、家出をした経緯を知りました。シャロンは、女友だちの家に泊まったと言ったのですが、実はボーイフレンドの家で一夜を明かしていたのです。それ以来、シャロンは、夜な夜な、彼と一緒に過ごすようになり、そのことをほとんど隠そうともしないのでした。

ここで母親と教師という二人の大人は、シャロンについての気がかりを共有し、彼女を心理相談機関に連れてゆく計画を立てました。そう驚くには値しないでしょうが、シャロンは相談機関の予約の日には来ませんでした。一方で、母親の方は日に日に教師を頼るようになり、しょっちゅう電話をかけきては、自分のことを相談するようになりました。この教師は、母親にあまりにも巻き込まれてしまったばかりか、シャロンが自分を母親の側についたと感じ、自分との関係が作れなくなっていることに居心地の悪さを感じるようになっていました。そこで教師は戦略を変更し、今度はシャロンに母親と「良い関係」を再構築させようと努めはじめました。母親の不満のひとつは、かつては近く親しかったシャロンとの関係が失われてしまったという深い落胆だったのです。この戦略変更で、教師は自分がシャロンともっと直接的に関わる方向に軌道修正し、自分と母親との関係のもつれについても、母親を動揺させずに解いていけると望んだのです。

あとから考えると当然のことですが、二回の不幸な結婚をした母親にとって、娘にしがみつくことは、とても大切だったのです。しかしその時点では、教師は母親の視点から事態を見ていたので、シャロンの安全を守るという必要性に最大の関心が注がれていました。もちろん、シャロンの家から逃れたいというプレッシャーは分かっていました。しかしこれは主に、シャロンが母親との緊張と喧嘩から、ボーイフレンドという魅力に逃げ込んでいるのだと見なされていたのです。そこでこの教師は、シャロンを安全な自分の家に滞在させ、やがて家に戻るように援助することを真剣に検討しました。しかし、この考えはすぐに放棄しました。なぜなら、それをすれば、この教師が母親と競合して、母親よりも良い母親になろうとしていると、母親に思われる可能性が高いように思われたからでした。しかし、この教師の心の中で、シャロンに何よりも必要なのは、完璧な母親の存在であって、それだけが彼女を救うのだという気持ちは残りました。

セミナー・グループがシャロンの視点から問題を考えるには、かなりの努力が必要でした。グループでシャロンの容姿に関する質問が出、それに対する答えを聞いていく中で、グループのメンバーたちは、彼女が思春期の少女であることを思い出させられました。そして、シャロンが母親の所有欲から逃れようとしていることが明らかになるにつれ、教師は、ボーイフレンドそのものよりも、彼の部屋とそこでの家事を取りしきることが、シャロンにとってははるかに大切なことなのだということを思い出しました。

今やシャロンとのつながりを再構築しはじめた教師にとって、これは遅々として進まない作業でした。シャロンが反応してくれないことに、不満を感じたり苛立たないことも、大変なことでした。こうしたある日のセミナーで、この教師は、非常に繊細に、シャロンが見ているだろう視点で、自分たちの関係を見つめてみることができました。その後、学校での状況に画期的な進歩がみられました。シャロンは家出状態のままでしたが、母親や教師との連絡は保たれていました。教師が母親の側についていると見なされた当初の信頼感の失墜、そしてシャロンと母親の関係を強めようという非現実的な目標は、シャロンに対する純粋な配慮に根ざしたものであったとはいえ、母親と距離を置くというシャロンの意向には反するものでした。しかしこれは、その渦中にいるときには容易には分からなかったのですが、最終的に有効なカウンセリング的関係を築く妨げになっていたと理解できるようなものでした。

親に敵対して共同戦線をはってしまうこと

ジェーンは大学進学高校（sixth form）[訳注1]の二年目で、とても成績の良い生徒でした。Oレベルで好成績を修めたものの、Aレベルの勉強は、家庭内でジェーンと母親との間で確執があったために難しくなっていました。約一年前に、高齢であったジェーンの父親が亡くなっていました。母親よりもかなり高齢だったとはいえ、実際、その死は突然で予期せぬ心臓発作によるもので、ジェーンが、友人のところに泊まって留守にしていた週末に起こりました。父親を失って残された家族は、経済的にひどく困窮することになり、しばらくは劣悪なアパートで暮らさなければなりませんでした。新しいアパートに移ることを願いつつも（これは福祉局から約束されていたことでした）、家庭内ではその他には話すことがほとんどないといった状況でした。ジェーンのことを話してくれた教師は、その家庭と以前から良い関係にあり、次のようなことを知っていました。父親が外国人であったこと。母親の実家とは結婚以来、実質的には絶縁されている状態にあること。そのため両親は孤立しており、お互い同士と子どもしか頼る者がいなかったことなどです。

学校の教師たちに対して、母親は適切な態度を保っていました。実際、新しいアパートに引っ越す際に学校の教員が手助けしたときも、とても感謝されました。ジェーンによれば、母親と喧嘩になると、父親が亡くなった時に家にいなかったことで責められるのだということです。母親は、ジェーンが教師と特別に取り決めをして学校に居残って勉強していても、実際には母親のことなど気にもかけずにディスコに行ったり、町をうろついたりしているのだと思っていたのです。これは、ジェーンが教師に伝えたことではありましたが、彼女が母親の怒りの感情のターゲットになっているらしいということに、疑いの余地はなさそうでした。Ａレベルの試験期間中、ジェーンは数週間、教師の家に泊まったのですが、これはさらなる喧嘩のもとになりました。その時の学校側の考えは、Ａレベルの期間中は家を出てはどうかというものでした。しかし母親は、もしそんなことをすれば、もう二度と家の敷居はまたがせないとジェーンを脅かしていました。

学校の教師たちは、何よりもジェーンの試験の成果とそれに続く大学進学を保障することを最優先とし、この考えを母親と共有できないことに怒りを覚えていました。母親は、ジェーンに、試験に失敗することなど許さないとも言っていました。教師陣の中には、そのような母親の振舞いはジェーンにとって良くないと、母親に突きつけたいという願望がありました。家庭訪問の際には、母親は自分と娘との対立については隠そうとし、試験期間中に、ジェーンが教師の家に泊まるという申し出には、乗り気がしない、と穏やかに反対の気持ちを表明しました。

ようやく家族が新しいアパートに引っ越すと、それは大きな失望になりました。共通の夢のために生きる、ということが不可能になったばかりか、他に希望を持てるような話題もなく、楽しみにできるような実質的なものは何もなくなったのです。そのために緊張はさらに高まり、ジェーンをこの状況から助け出さねばならないという教師側の思いが強まりました。

母親に対する教師たちの怒り（これはセミナー・グループのものにもなっていました）は、母親が夫を亡くしたこと、そしてその命日が近づいており、ここでもしかすると娘までも失ってしまうかもしれないと思う母親への同情を完全に圧倒するものでした。こうした雰囲気のなかで、母親にも必要なことがあるのではないかという私の示唆は、

（訳注１）英国において、大学入学資格試験であるＡレベルを取得するための学校。通常は二年間で資格が取得できるようカリキュラムが組まれている。

次のような厳しい提案を導くことになりました。母親は仕事でもやってみるように勧めてはどうか。もっと外出するよう後押しするべきだ。手仕事でもやってみるように勧めてはどうか。もっと外出するよう後押しするべきだ。つまり全体としては、母親がしっかりと自分を取り戻すべきだというものであり、母親が自分の問題や悲しみを、自分の内に抱えたままでいようとしているのだと捉えられていたわけです。たとえば、母親は、ジェーンの言うことが本当かどうか学校に確かめたことは、一度もありませんでした。母親は、ジェーンに対する申し出（教師の家に泊まること）が、家庭の問題を公にするのみならず、自分のジェーンに対するやり方が駄目だったと表明することにもなると感じていたのかもしれません。さらに実際に人の善意を受ける必要にせまられ、傷心の母親にとっては、いかなる直面化の見通しも非常に恐ろしいものだと感じられていたのでしょう。そのため学校に対して、もっと積極的に反対意見をいうのが困難であったと考えられます。実際、学校の教師陣は、引っ越しの際の援助に対してお礼の贈り物を母親が持ってきたときには、困惑してしまいました。

この例は、誰にでもありがちな、悲嘆や悼みに直面する困難さを物語っています。怒りの感情は、概して悲嘆の一部を構成するものです。この事例の場合、母親の怒りの感情の唯一の安全なターゲットは、ジェーンだったようです。逆もまた同じでした。母親とジェーンを引き離すことで、学校は、ジェーンが父親の死の喪失を感じないように、あるいは否認さえして、母親の気持ちの動揺を責めるように、ジェーンを導いたようにさえ見受けられます。ここには、母親の悲嘆に、さらに娘を追いやってしまったという罪悪感が加わる危険性がありました。さらに、ジェーンの方にも、母親を一人残して自分の利益のみを求めたと、のちのち強い罪悪感を抱かせることになったかもしれない危険性もありました。これは最終的に学校に対する怒りという形で表れる可能性があったかもしれません。

学校は、学校としての優先事項や良い成績を修めることを重んじましたが、この場合、父親の死がもたらしたことにジェーンがしっかりと対処し、母親との新たな関係を築くという将来の成長のために大切なことを見過ごしていました。Aレベルを取る機会は、永遠に失われるわけではありません。一方、ジェーンが長期にわたる苦しみを経験しながら、少しずつ独立していく機会は、永遠に失われてしまったかもしれないのです。親ひとり子ひとりでこれを成し遂げるのは、確かに大変でしょう。たとえば親に責任を感じるあまり、全く動き出せなくなったり、あるいは逆に完全に親を拒絶して関係を壊してしまうことになりかねなかったりする。そういうような極端な解決に至る可能性は、両親がそろっている家庭よりもかなり大きいといえます。ジェーンの母親は、ジェーンに家にいてもらう必要があるという自分の気持ちを、否定的で脅かすようなやり方で表現せざるをえなかったのでしょう。つまりジェーンのことを、過去においても現在においても嘆きの感情からは守られ、悲しみを共有できない相手とみなして、事態をもっと悪化させていたのです。

学校の教師はこの状況について、母親がジェーンの若さと性的成長や人生における新しいチャンスを羨望し、それゆえ彼女の自由を否定することに躍起になっているのだと考えました。実際にそうした側面もあったとは考えられますが、ここで教師側が計画した行動は、ある意味で、ジェーンは不愉快な感情を抱えて生きる必要はなく、何があってもそうした感情からは守られているべきであり、自由に生きて、約束された成功を遂げれば良いのだ、ということを確認することになってしまったのです。

死について考えることに囚われるよりも、生を信じ、そこに希望を見出す気持ちを分かち合うことの方が容易だったのは、セミナー・グループにおいても同じでした。教師は、特にその職業人生を、若者と彼らの将来の希望に捧げています。ジェーンの場合には、これが極端になってしまい、彼女の本当の成長にとっては、役に立たない形になってしまっているように思われました。

物事の両面

ここまで、かなりのページを割いて、トム、シャロン、そしてジェーンについて、その問題の複雑さを考えてきました。もしかすると読者は、善意から生徒の家庭的背景を知ろうとすることにはあまり価値がないと思われてしまったかもしれませんしかし当然のことですが、親が一度でも学校を訪れてくれると、その家庭に関する全体像の歪みが是正されることがあるのです。

子どもが家庭背景を必ずしも正確に伝えないことがあるとか、あるいは表面的に理想的な家庭イメージを保つために、問題や剝奪体験を自分の中に留めておこうとすることがあるかもしれない、などと言っているのではありません。トムの場合には、物質的には豊かでも、あまりにも制限された家庭生活のために、彼がいろいろな制約を経験していたことを理解することが役に立ったことに疑いの余地はありません。ここでもっとも大切なことは、教師が共感的すぎたり、逆に非共感的すぎたりしないかどうかということではなく、そのようにして起こってくる感情を教師の側がどう取り扱うのかということなのです。つまり子どもたちが自分の生活の良い面にも悪い面にも建設的に対処していけるように、どうやって援助していくのかということです。そこには、生活環境を多少、変えようとする試みも含まれるかもしれません。しかし環境というものは、白黒がはっきりつけられるとは限らないということを受け入れることが大切なのです。こうした考えなしに設定される目標は、非現実的なものになるかもしれません。それは、シャロンと母親との間に「完全な」関係を再構築しようとしたり、ジェーンを助け出し、あらゆる心配事を脇に置いて完全に平和な環境を創りだそうとすることなのです。

問題になっている子どもと自分自身を完全に同一化したり、子どもに同情したりすることで、教師やカウンセラーは、親に対する共謀に引きずり込まれてしまうかもしれません。しかし時にはその逆も起こり得るのです。すなわち、連携という名のもとに、親と教師が一緒になって、子どもに敵対するような、あるいは少なくとも子どもの信頼や自信を失うような行動に出ることも起こり得ます。本章では、その両方の状況について検討しました。トムの場合には、教師の態度は、トムがとんでもない嘘つきだったという新たな気づきに支配されていました。トムに裏切られたと感じた教師は、トムの嘘を何かのサインとしてではなく、嘘自体がそもそも不健全だと考えるようになっていたのです。そして潜在的には役立ち、情報豊かであるはずの家庭との連携を妨げてしまう、むしろ迫害的な態度を作り上げてしまったのです。

シャロンの場合には、シャロンの安全な成長という教師と母親に共通の関心事は純粋なものだったとはいえ、教師は母親に引きずられるように、シャロンが思春期にいるということを否認するようになっていたのです。シャロンは母親に対して、自分自身の家庭を作り上げることで、自分が独立した大人だということを強調して見せようとしました。そして教師の方は、そこに介入できないという無力感を抱かざるを得なかったのです。

ジェーンの事例で見られたように、優れた進学実績のある学校が試験の成功にその主眼を置くために、かなり極端な行動に走るということは、そう頻繁にはありません。しかし愛情深い支援を受けつつストレスに対処することを学ぶよりも、（全力で勉強に集中するために）あらゆる生活のストレスから完全に守られ保護されるべきだという態度は、むしろ一般的なものです。

私の目的は、親とコンタクトを取ることとの背後にある複雑さを探求し、単なる善意以上の成功をもたらそうとすることにつきます。しかしここで取り上げた事例の場合、親と関わろうとする努力がいつも学校側からなされていました。そのため親と教師が関心を共有し、お互いを尊重するという伝統的な方法を継続的に保つことが、一人ひとりの教師やカウンセラーの仕事を簡単にした可能性もあったといえましょう。

「家庭 対 学校」の影響

教育が、恵まれない家庭や劣悪な環境の欠点を補いうるという信仰が崩れたのを受けて、近年、多くの議論と研究が行われています。これは、有名なヘッドスタート（Headstart）プログラム（訳注2）が失望に終わったという苦い体験をも

（訳注2）一九六〇年代アメリカ合衆国で始まったプロジェクト。低所得者層の就学前の子どもへの教育に力を注ぐことを主眼とする。

つアメリカで特に顕著です。英国でも、一九六五年からの十年間にわたるあらゆる報告で、子どものやる気を挫く親の態度による影響を学校教育が覆す可能性はかなり少ないことが示唆されました。

その後の研究では、この悲観的な見方はかなり修正されています。家庭環境が類似する通学区域の複数の学校間で、子どもたちの成績や行動にかなり大きな違いがあることが分かったからです。学校教職員が地域に積極的に関わり、親と連携を確立する。教師はこれを通して家庭の態度や問題に気づけます。これが、非行や社会的問題の発生率が高い貧困地域においてさえも、学校が成功を収める上で重要な要因であることが分ってきています。

しかし教師の多くは、教育の有効性に関する以前の調査結果がもたらした自信の喪失と今なお格闘しています。特に中等学校では、こうした後の研究がもたらした、もっと楽観的な結果で無力感と失望感が癒されたというには、程遠い状況にあるところもあります。そうした状況下では、親に対して自信を持って関わることもできません。

逆に、親がすべてを学校に任せてしまう（これもきわめて一般的ですが）方が、有効だというわけでもありません。最善の実践とは、次のようなものだと言われています。良い学校とは、

・家庭の重要性を認識していること、
・親の役割に取って代わろうとしないこと、
・学校の役割は家庭とは異なるが、それでも重要なものなのだということをよく理解していること。

私たちは、家庭と学校が連絡を取り合うのを推奨する上で、必ずしも両者がすべてを共有せねばならないとは思っていません。子どもにとっても、家庭と学校の違いを認識することが役立ちうるのです。子どもは、あまり強烈な情緒を経験することがなく淡々とした学校生活に安堵を見出すかもしれませんし、親とは違った関係を、基本的に代理の親ではない大人との間で持ったり、またきょうだいとは異なった関係を仲間集団との間で培っていくかもしれませ

ん。

教師と親が互いを認め合っているのを知ることで、子どもは安心感をもてます。そしてこれが、子どもが探求し、試しながら学んでいくという確固たる基盤をもたらすのです。それゆえ私は、教育心理士として、親と教師の間のこうした相互の尊重を促進することに関心を注いできたのです。学校と相談機関との関係に関する次章では、事例を挙げながらこれを検討していきたいと思います。

第九章　教師と他の専門家との関係

これまでの各章では、一人ひとりの生徒と教師との関係に焦点を当ててきました。前章に引き続き本章でも、子どもたちの福祉に職業的責任をもつ他の専門家と教師との関係に焦点を移していきます。一般的に学校は、家庭の外で子どもを援助する最前線だと言えます。

とはいえ、教師として、学校外の他の専門機関に子どもを紹介することを考えるような状況も起こりえます。こうした他機関への紹介は、通常の学校という枠内では提供できないような特別に専門的な支援を期待してなされることもあるでしょうし、特別支援学校やその他の施設などを選択する際の一助としてなされることもあるでしょう。

特別支援教育

最近では、障害のある子どもも一般の学校で統合教育を行うという流れがある中、ごく少ない割合（公的な概算では二％）ではありますが、特別支援学校を必要とする子どもも確かにいるのです。そのような子どもの多くは、すでに発見されている重度の身体障害を抱えています。身体障害だとは判断しかねる、いわば境界域にいる子どもに関しては、一般の学校の中で学校側と子どもの側が互いに理解し協力し合って何とかやっていくことになっています。教師は、そのような子どもをどのように理解し、接していけばよいのか悩むことが多いようです。そのような子どもが一般の学級で学習するのを援助する新しい方法が見つかるにつれて、この境界線も変化していくことでしょう。ここには、たとえば難聴や糖尿病といった、目には見えない障害がある子どもも含まれそうですが、そのような場合には、専門家の援助により、教師はどこまで譲歩し、どの程度のことを課すのが妥当なのか、理解していけるでしょう。

　教師にとってもっと問題となるのは、学習困難な子どもであり、自分自身や他の子どもに情緒的な困難さをもたらすような子どもでしょう。特別支援学校への転校を検討すべきかどうかの相談は、学校心理サービス（訳注1）に持ち込まれることが多いようです。教師は、子どもが教育上、普通ではないとか不適応なのではないか、そしてそれゆえに「普通の」子どもを扱う教師という自分の限界を越えているのだ、といったような明確な判断を求めるかもしれません。確かに、心理士や児童相談所（Child Guidance Clinic）は、こうした答えを出す方向で何らかの援助ができるかもしれませんし、こうした人びとの提出する報告書が、子どもが特別支援教育を受けられるか否かを決定付けもするでしょう。例外的な子どもに対応する能力は、学校によって異なるので、一般化するのは危険です。しかし私自身の経験上から一つだけ言えることがあります。それは小学校では、特別な問題を抱える子どもをかなりうまく扱ってきたものの、その子どもが中等学校に移る際に、専門機関に紹介することがあるようだということです。基本的にこれは、規模が大きく、混乱しがちな公立中等学校よりも、特別支援学校の方が、小学校のような比較的守られた雰囲気を引き続き提供しやすいという考えによるものです。一九八一年の教育法（Education Act）では、障害（handicap）というカテゴリーを廃止して、その代わりにある特定の子どもが実際に必要としていることに焦点を当てる、という試みがなされています。もちろんこれは、実際に提供できるものと合致している必要があります。こうしたニーズの査定は、関係する専門家によって行われますが、学校教職員との協働と、注意深い観察が求められます。定期的に再検討を行うとはいえ、いったん特別支援学校へ編入すると、ほとんどの場合、子どもは残りの学校生活をずっとそこで過

（訳注1）School Psychological Service：各自治体が、特別支援教育の必要な子どもの判定等の業務を行う部門。教育心理士 Educational Psychologist が常駐する。

ごすことになるようです。ですから、こうした決定は非常に重大なものであり、もはや普通教育が不可能だということが、かなりはっきりしている時にのみなされるべきなのです。

医療と福祉

子どもの問題に関して、医学的なことなのか、心理学的なことなのか、あるいは家庭の状況や環境面でのことなのか、はっきりと焦点を絞れないようなときには、どこに紹介すべきなのかという問題が起こってくるでしょう。何らかの医学上の問題があるときには、最初の社会資源としては、ほぼ家庭医か校医が考えられます。しかし簡単に判断を下せないような医学的状態も時にはあるでしょう。たとえば心理士は、知的障害児に部分的難聴が伴っている可能性などに、細心の注意を払う必要があります。また教師が、医学的治療、特に投薬が子どもの学校での状態にどのような影響を与える可能性があるのかということを知っておくことも、とても重要です。一方、子どものネグレクトに関しては、医療機関にとっても福祉機関にとっても同じ関心事でしょう。これはもちろん、もっとひどい身体的虐待の事例においてもそうでしょう。しかしそのような子どもたちの多くは、病院の救急センターで対応されているはずです。

このことは、子どもを他の専門機関へ紹介することを決定する際のもっとも重要な要因のひとつである、親の協力という問題を提起します。心理相談機関に紹介されることに不安が非常に高い場合には、学校で教師同席のもとに、心理士との初回面接を行うことが有益かもしれません。それによって、親には紹介について聞きたいことを聞く機会が与えられますし、心理士にとっては学校と親の両者から相談継続の許可を得る機会になります。一方、親が、子どもの問題は大したことではないと簡単に片づけているとすれば、そうした親に不安を喚起させせねばならない場合もあるでしょう。もちろんこのような態度の背後に、かなりの不安が潜在しているのかもしれません。親にとっては、専門家に紹介されるという判断を下されること自体がショックな場合もあり、そのことに向き合うために時間がいる場合もあるでしょう。もし慎重な話し合いや準備にもかかわらず、親がなおも協力を拒否するような場合には、もっとも深刻な事例では、子どもの措置のために、たとえば法的手段を用いることも致し方ないでしょう。このような決定は、行動上の問題が中心課題である場合には特に難しく、こうした状況で児童相談所のチームが必要とされることも珍しくありません。

児童相談所のチーム

大半の地域において児童相談所ができ始めたのは、一九五〇～一九六〇年代になってからでした。しかしそれ以前から、いくつかの児童相談所を始め、そのような伝統がしっかりと存在していたということはできます。チームは、児童精神科医、教育心理士とソーシャルワーカー（多くは、精神科ソーシャルワーカーという専門的な肩書きを好みます）から構成されており、しばしば児童心理療法士のほか、特別支援教諭や言語療法士が含まれることもあります。こうした専門家は、伝統的にそれぞれの関心領域を持っていますが、近年は、これが曖昧になってきています。子ども個人に焦点を当てることは今なお重視されているものの、絶対ではありません。処遇決定の責任主体は、事例の特性に応じて、チーム内のあらゆるメンバーが担うことになります。教育心理士は、学校との連携の中心的役割を取り、心理検査を行うという専門性を保持しているため、学校ともっとも接触をもつことになります。このように教育心理士が学校と特別強力なつながりを持っていたため、学校心理サービスという独立体制が設立されていったと言えます。とはいえ、教育心理士は、たいていが地域の児童相談所に同時に雇用されているため、児童相談所との関係も継続します。

たとえば精神科医は病院と、ソーシャルワーカーは社会福祉局と、といったように他のチームのメンバーも、他機関との接触を持っています。以下の多くは、特に教育心理士の視点から述べたものですが、まずは、それ以外のサービスについても取り上げてみたいと思います。

心理的援助の専門家に紹介するとき

児童相談所を万策尽きた際の最終手段として捉えない利点のひとつは、家族には選択肢があるのだと感じられる雰囲気のなかで、紹介をめぐる問題を話し合えることです。そのような中で同意に至った場合、家族が相談所の予約に訪れる可能性ははるかに高いですし、またもっと高い動機を持って相談に訪れると思われます。私は、この時点で、家族が自ら相談機関を訪れることができるよう促すことに成功した多くの校長先生を知っています。もしこれがうまくいかなくても、提案された紹介を拒否することで、家族の潜在力を動かし、もっと良い方向に向かっていく決意を増すことにはなるかもしれません。そうすると、何らかの改善がもたらされるかもしれません。

ここで問われることのひとつは、子どもか家族に、変わりたいという意思（これは物事が積み上げられる最初の一歩なのです）があるかどうかということです。それがない場合には、危機の瞬間、ある種の変化が強いられる瞬間を待つことが大切かもしれません。このような場合には、介入が速やかで肯定的であれば、新しいあり方が可能になるかもしれません。これは発達のペースが急激な思春期に、特に当てはまります。思春期とは、忍耐のきかない時期でもあるのです。

子どもを紹介する前に問うべき、もうひとつの有益な問いは、どこかに探求するに値するズレがないのかということです。教育心理士の検査は、知能と学力の間のズレを見る一つの方法でしょう。家族面接では、学校の成績と親の期待との差異、あるいは学校の考える標準と親の考える標準の合致度について検討できるかもしれません。このような視点から問題を見ることで、学校側が、子どもと家族を紹介するにあたって、何に焦点をあてるべきなのか（家族全体が相談に含まれるべきなのかどうかも含めて）といったことを決定する上で責任をもつ一助になるかもしれません。

学校におけるアセスメント

教師と心理士の協働によって、子どもの問題のアセスメントが遂行されるケースが増えています。教師も心理士も、短くとも継続的で詳細な観察を行っています。たとえ一〇分の観察でも非常に参考になるのです。どんな場面での観察がもっとも有益なのか、前もって考えておくことで、校庭、ランチタイム、授業科目、一日の中のどの時間なのか、といったことを選択できるようになります。比較することがもっとも役立つと思われますが、これは子どもに関する見方に矛盾がある場合には特に有益です。

教師にある特定の問題意識を持って子どもを詳細に観察するようにお願いしてみると、その教師はその子どもに関する考えを修正することもあります。たとえば、ある八歳の女の子は、元気がよくて外向的、利発で、教師に対しても親しげに接するのですが、学業では伸び悩んでいました。教師は、この子どものことが理解できず、ある意味では、彼女のことを投げ出したくなっていました。詳細な観察のあと、教師は、女の子が短気でそそっかしく、他の子どもに対しては横柄でわがままだと気づいたのです。学習にむかう自信というより、彼女は万能感を抱いているように見受けられました。これは、彼女が、何かを学ばねばならないという現実を受け入れることを、妨げていたのです。

子どもの評価をするに当たって、教師は公式の手引書、学力検査、チェックリスト、あるいは学級での様子の観察などを利用するといいでしょう。これらは、とりわけスクリーニングに用いられ、そのため、まだはっきりと現れていない発達上の問題を抽出できるかもしれません。

心理士が学校と連携するもう一つの方法は、教師と定期的な会合をもつことです。こうした会合の議題の一つは、心理士に紹介する可能性のある事例についての事前検討です。しかし相談所の提案で設けられた会合に、学校がほとんど考えなしにあいまいな事例を紹介してくることにも見られるように、これが問題なく運ぶとは限りません。月例会を定期的に行うことで、気がかりな子どもについての情報量が増えたり、違った立場の見方が聞けたりするといった、即効的な影響がもたらされました。また、どのように親の相談にのるのかといったことに関する助言も可能になりました。しかしこの事業に関わっていた二人の相談所職員には、とくに最初の一カ月は大変な苦労がありました。というのも、学校側は、持ち込んだ事例のすべてが必ずしも相談所に送れないことを知り、腹を立て、欲求不満に陥ったからです。その後、その背景にあった学校内の問題が明らかになってきました。この頃、この学校は、教職員の異動を含め、落ち着かない過渡期にあったのです。紹介事例の急増は、このことの重大さの表れだったのです。やがて紹介事例数は減少し、同時にこの学校は、こうした定期的な会合によって、多くの問題を振り返り、たとえば怠学や障害児の統合教育などといった、もっと一般的な問題を検討するために、会合を活用するようになりました。

学校と連絡を取る

初めて学校の中に入っていくのは専門家といえども、多少、気後れするものです。私自身、資格を得たばかりの教育心理士として、明らかに期待され、挨拶を受けて校長室まで案内されたときには、特別の喜びを感じたものです。しかしたいていの場合は、校長室の場所も教えてもらえず、担当者もいないまま、自分は侵入者か、あるいは良くても非常に苦々しく迎えられているといった感覚を持たされるものです。

学校というものについて知るにつれ、この冷たい応対の背後には学校と外部の世界に防衛的な盾を置いておく必要を学校側が感じていることがあることを理解できるようになりました。一方、学校の教職員のほうは、相談所やソーシャルワーカーから、十分な情報を返してもらっていないことを、しばしば不満に思っていたのです。

もし両者がコミュニケーションをとりたいと願っているとするなら、時に、それをこれほどまでに難しくしているバリアの性質とはいったい何なのでしょう？　特に、そこにある情緒的要因は何なのでしょう？　相談所の職員の予定表は立て込みすぎており、教師が会議に出席するために目の前の授業から解放されるようアレンジするのが大変なことも事実です。また校長がいつでも応じることができるようにしている場合、絶えず会議は中断されがちになります。しかしケースについて話し合うことが大切であると本当に理解しているのならば、時間は見つけられるはずであり、校長室のドアを閉め、電話をつながらないようにすることは可能なのです。

以下の事例では、ライバル心、不当な要求を受けること、責められることに対する恐怖、家族に関する秘密を共有することの不安といった、重要な情緒的問題を描き出したいと思います。そこには、心理療法の本質、検査結果の意味についての誤解があるかもしれません。また子どもと家族との関わりでそれぞれの専門家がもつ役割の重要性について、異なる見解を持つことに対する恐れもあるかもしれません。

ライバル関係

これは、子どもがどこにいるべきなのか、といったことをめぐる競争という形で表現されるかもしれません。たとえば長期間の心理療法が提案された場合には、子どもが授業を抜けることが大きな気がかりの種になるのです。というのも、心理療法の多くが、学校で授業のある時間帯と重なってしまうからです。子どもと親は、この相談所と学校の争いに巻き込まれ、双方からのプレッシャーを感じるかもしれません。また子どもに心理療法が必要であるということや、あるいは学校の対応が悪いといった、家族のアンビバレントな感情を表現するために、こうした双方のライバル関係が利用されることもありえます。

次の事例では、このことが心理療法の中断のかなり重大な要因になりました。Yさんは、マイケルという九歳のひとり息子を抱える未亡人でした。また多忙な専門職に就いていました。彼女は、息子の心理療法にはすんなりと同意しましたが、学校と連絡をとることには、かなりの抵抗がありました。Yさんは教養のある女性で、数年前の夫の死が、マイケルにとって大きな心的外傷になっており、それがその後に起きてきた問題の主な原因になっているのだと理解していました。マイケルが心理療法を受けていた期間、Yさん自身の面接は、ごくまれにしかもたれませんでした。またYさんは、マイケルが心理療法のために授業を抜けるのを学校に知らせる役割も担っていました。しばらくの間は、この状態でうまくいっていたのですが、学校からのプレッシャーを主な理由として、セッションの時間を放課後に変えてくれるように主張し始めたのです。結局、Yさんは、心理士が学校の要請について検討するために学校を訪問することを了承しました。教師は、確かにマイケルの成績の伸びが芳しくないことを心配していました。マイケルは、聡明な子どもであるにもかかわらず、クラスの中でももっとも本読みができない子どものうちの一人だということなのです。教師は、相談所が非協力的であることについてかなりの怒りを表明したのです。そこで明らかになってきたことは、Yさんは、心理療法の有効性に関する大きな疑問、授業を抜けてしまうことに対する気がかり、そして成績を重要視する考え方を、この教師と共有していたのだということでした。

また心理士が、マイケルの心理的ニードに注意を向けることの価値を熱心に守ろうとする自分に気づく一方で、教師のほうは時間の変更を主張する役割を引き受けていたことで、Yさんが、学校と相談所の間の激しいライバル心を助長していたことも明らかになりました。

心理療法士の見解では、マイケルには確実性、一貫性、信頼性、継続性、そして断固とした態度が特に必要でした。そのため時間調整が難しいという現実をぬきにしても、マイケルの心理療法の時間を変更することには消極的でした。マイケル自身は、こちらを立てればあちらが立たずといった葛藤に巻き込まれて、心理療法にも学校の授業にもじっくりと取り組むことができないでいたのです。

教師と心理士は、それ以前に面識がなく、ここで何が起こったのかを解明し、互いの純粋な気がかりの本質を認識しあい、マイケルに与える影響について考えるには、しばらくの時間がいりました。この点において、校長の配慮がかなり重要な役割を果たしました。マイケルにかかっていたプレッシャーがゆるんだことで、Ｙさんの内にあった心理療法の必要性に対するアンビバレントな感情が明らかになってきました。情緒的に問題のある子どもをもったという敗北感、夫の死を何とか克服することに精一杯ながらも、独力で息子の問題を解決しつつ、自分の仕事も続けていくことができないという無力感。学校と相談所との競争は、息子に成功してほしいという野心とともに、こうしたことに関する彼女自身の複雑な感情を映し出す鏡として用いられていたのです。

これとは対照的に、学校と心理士が尊重しあう基盤が確立されていると、この種の問題はとても早く解決されます。たとえば、次の事例の母親も、大変良心的な方でしたが、娘に相談所の援助が必要だということを受け入れるのが難しかったのでした。しかしこの母親は、夫とともに別の相談員と定期的に面接する中で、こうした感情について考えを深められるようになっていました。ところがこの担当の相談員が相談所を去った際、次の担当者が決まるまでに少しの間が開いてしまい、そこで問題が起きてきました。母親が、授業の出席の妨げにならないように心理療法の時間を変更してくれるように、再び強く要請し始めたのですが、これは教師の主張だと言うのです。この事例では、心理士が少し学校を訪問するだけで状況を理解するのには十分でした。教師は、もちろんこの子どもが授業を抜けるのは最小限のほうが望ましい、と実際に母親に言ったのですが、それはあくまでもこの母親に誘導されたためであり、学校としては相談所の援助にとても肯定的な姿勢を保っていたのです。親が、学校と相談所での時間について選択をする問題を話し合う際に、教師の後方支援はなくてはならないものなのです。

学校に姿を見せるのが担当の心理療法士ではないということが、ときに教師を困惑させます。児童相談所と学校のつなぎ役として活動し、相談所の内部では学校の見解を相談所職員に伝えることは、心理士の伝統的役割の一部です。多くの教育心理士は、自らも教師であったというバックグラウンドを持っており、そのことが教師の立場と優先事項に関する理解をもたらしてくれます。また教師と教育心理士は、子どもが課題を遂行する上での認知能力や学力的達成（これは時にそれぞれの子どもが不安に対処する方法を間接的に示すものかもしれません）に関心があるということ、そして学校が子どもの生活における安定性を提供する場（時にはもっとも信頼できる場）であるという理解を共有しています。

相談所から特定の者が継続的に関わるということには利点もあります。最後に、心理療法士が学校を訪問するのを好まないかもしれないということに触れておきます。それは、子どもが、心理療法士に相談所と学校という二つの異なる場所で出会うという体験を区別し、心理療法の中で起こっている事柄を心理療法士が守秘をしてくれるといった信頼を保つことが難しいと思われるからです。

守秘義務にまつわる不安

最初の事例のように、学校からの紹介で相談が始まったのではなく、子どもに関して学校と連絡を取ることを家族が拒否しているような場合、当該の子どもが学校で問題があるのかどうかに関わらず、教師はとても難しい状況に置かれることになります。相談所の職員は、通常、校医と連絡を取る必要性について親を説得し、何がそれを妨げているのかを理解しようと努めます。たいていの場合、これは、家庭の事情を知られたくないという不安のためだと明らかになるのですが、親を安心させることが必要です。時には、いったん情報を共有してみると、その大半はすでに周知のことだったということがあります。そのため、あえて情報が伏せられていたのではないかという疑いは、時には的中していることになり、多くの場合は、それが不愉快な感情として体験されることになるでしょう。

親の不安を和らげる方法のひとつとして、何を学校に報告するのかをよく話し合うか、あるいは親を学校との話し合いの場に招くことも考えられるでしょう。場合によっては、子ども自身をここに含めても良いかもしれませんが、一般的には、子どもは学校で心理士と教師が話し合う場には連れこまれたくないものでしょう。前述のように、子どもは概して相談所でのセッションをプライベートなものとして、学校とは切り離しておきたいと願っています。そのため私たちは、子どもが相談所に通っていることについて、子どもから情報を得ようとしないでほしいと教師に提案するほどです。「楽しかった?」といったかなりソフトな質問でさえ、子どもにとっては気まずいものであるかもしれません。

教師の中には、このような排除によって閉め出されたと感じる人もいますし、もちろん、多くの教師には、心理療法で何が起こっているのかといった純粋な好奇心があります。心理療法が進んでいるのかどうか、それを知りたいというのは理にかなっています。心理士が、心理療法のあらゆる側面について伝えるのは容易なことではありません。遊びにしか見えないようなものの中にも、しばしば大きな痛みの感情が伴っているかもしれず、そのためこれが、大変な作業だとみなされるべきものであることを、どうやったら伝えられるでしょうか?　しかし、時として遊びの象徴的意味が、学校での行動をうまく描写していることがあります。たとえば、ある六歳の子どもは、ほとんどの時間を箱に入り込んでは、また出て来るということを繰り返して心理療法の時間を過ごしていたのですが、これは自分が十分に受け止められ、抱えられるのだろうかといった不安と関係している可能性があるでしょう。

表現するという作業が、いかにさまざまな感情を解放し、同時にそのような感情に持ちこたえるのを助けるかといったことに関する理解は、教師によってさまざまです。教える教科も、こうした感情を解放したり受け止めたりできます。文学や歴史がそのもっとも明快な例でしょう。同じように私たち大人は、観劇を用いるかもしれません。無意識的空想や転移や解釈といった概念を説明するのはとても難しく、心理療法の文脈を離れたところでいくら具体例を話しても、奇妙で不可解なものに思われるかもしれません。

非常勤教師のなかには、心理療法を受けている子どもに、自分が治療的だと思うことを取り入れ、適用しようとする人がいます。極端な場合には、これが結果的に大変な混乱を引き起こすことにもなりえます。ある心理療法士が、心理療法を維持するのがかなり難しくなったときに、その心理療法士の要請で私は、学校訪問をしたことがあります。温かみのある、好奇心一杯のその幼児学校の教師は、少し興奮気味に心理療法を受けている子どもの絵を見せてくれました。そこには魔女のような女性が描かれており、子どもがこれは心理療法士だと言っているというのです。この教師は、心理療法士と競争する立場に陥っていたようです。自分は、とりわけ優しく理解があり、子ども自身の不快な感情と一緒に、とても悪くて厳しい心理療法士をも受け入れるような優しい人になっていたのです。そしてこの子どもの中の、何もかも良い教師と、何もかも悪い心理療法士という分裂を支えることになっていたのでした。先の事例では、教師と心理療法士の双方が、それぞれがどういう良いものを提供しているかに関して対立していましたが、それよりも自分が心理療法士になるのだという この例は、もっと直接的にライバル心が表現されていたといえます。

レッテルを貼ること

心理療法の目的やプロセスとは対照的に、知能検査の結果を伝えることのほうが簡単だと思われますし、時には本当に容易なこともあります。心理検査は、心理士が個人的に行うものであり、学校での成績との関連性も比較的理解しやすいものです。しかし検査の結果が、教師の子ども像とかなり異なる場合には、誰が正しいのかという不毛な議論に巻き込まれてしまうこともありえます。ある意味では、双方とも正しいはずであり、教師と心理士が他にできることといえば、一緒にこの差異の理由を探すことです。結局、これは教師の専門領域に踏み込むことであり、そのため心理士が教師の技能に挑戦しているように思われる事態も発生するかもしれません。検査結果が、子どもが実はこれまでの成績を上回る能力を持っていることを示唆するものだとすると、教師の中に、敗北感や子どもや心理士に対する怒りさえ引き起こすこともあるでしょう。

これまで、関係者の苦悩を和らげる方法の一つとして、特別支援教育児、読書障害（難読症）、発達遅滞、あるいは不適応などといったレッテルを子どもに貼ってきました。心理士は、とりわけこういった安易な解決法を取りがちでした。こうしたレッテルは、子どもに期待する価値がないとみなすためか、もっとましでも、自己批判的な教師が安心するために使われてきました。

スーは十歳で、中等学校への移行を目前にしていました。彼女は、愛情に満ちあふれた家庭で育ち、成績は冴えないにもかかわらず、情緒的に成熟した態度をとることができ、自信も持っていました。彼女の通っていた小学校はすばらしく、教師たちは彼女の発達をかなり援助してきましたが、中等学校でやっていけるだろうかと心配していたのです。知能検査の結果はＩＱ七〇前後（ＥＳＮレベルの機能と一致する）で、それがこうした心配の原因であることが確認されました。また検査結果は、彼女がどれほど学校や家庭でしっかりと援助されてきたのかをも確認するものでした。この事例では、家族とともに適切な決定を下すことができました。

ハリーは軽度の身体障害はあるものの、とても知的な子どもでした。しかし中等学校に入ってから、学習上の困難が見られるようになりました。学校に対して、彼の検査結果は高く優秀な成績を修める潜在力があること、また小学校での好成績が決して見せかけではないことを主張するのはたやすいことでした。しかしそうすれば学校を不信感か、あるいは敗北感に陥れることになったでしょう。一方、身体障害を強調することは、それを克服しようと一生懸命がんばってきた少年にとっては、不当なことでしょう。それでも身体障害が、彼にとっては余分なストレスや疲労の源でもあったのです。大切なことは、現在の学校が彼にとって相応しいかどうかといった問題を提起することになる、障害児というレッテルを貼ることではありません。こうした身体障害が彼の学習に及ぼす影響の可能性について、詳細に検討することなのです。最終的に、学校側がかなり特別な配慮をし、彼が自分の持つ実際の困難の性質について理解し、それを認識するためのカウンセリングが必要だということになりました。一年後には、彼の成績はかなり改善され、それ以上の介入は必要ありませんでした。

すべてのレッテルの中で、精神医学的なものがもっとも脅威を覚えさせるものだといえます。読むことを学べないモーリスに手を焼いた教師が、児童相談所への相談を提案したとき、彼の親はかなり不安になりました。普通の補修クラスでは効果が見られず、教師はここに情緒的問題が潜んでいるのではないかと感じていたのです。モーリスの母親は、相談所での予約には出向かず、かわりに別のクリニックから、読書障害（難読症）の診断書をもらってきました。この診断は丁寧に下されていました。しかし、のちのモーリスとの話し合いで明らかになったことは、彼はその診断名を自分が厄介な感染症の病気にかかっていて、脳が適切に働かないのだと解釈していたのです。モーリスは、自分の障害に振り回されるしかないと感じ、自制心を失い、教師の報告によると、読みを学ぼうとする努力を全くなくしてしまったかのように思われたということでした。これは、この診断が彼にもたらした悲しむべき影響でした。

親、学校、そして相談所の協働

本章では、学校と相談所が連携するだけでなく、親もその輪の中に含まれなければならないことを強調してきました。以下に、これがうまく運んだ事例を取り上げます。

チャールズは、何年も前に知的問題があると評価を下され、その結果、特別支援学校に通っていました。彼が十五歳になり、将来の進路を決断しなくてはならない時が近づきました。もちろん他の子どもたちと同じように、十六歳で学校を出ることは可能でしたし、在学期間を延長してしばらく学校に留まることもできました。しかしその件について話し合いはなされていませんでした。ただ親と校長の間で、これまで学校がチャールズを効果的に教育してきたのかどうかということをめぐって、辛らつな論争が続いていたのです。親は、学校が提供してきた教育内容についての批判的な態度を強めるばかりです。一方で学校の方は、教育実績を擁護するとともに、チャールズを退校処分にすることもなく受け入れ続けてきた、と主張して応じていたのです。

状況がどんどん悪くなっていく中で、私は、校長、チャールズに関わる教師たち、そして親と私の全員が、学校で一同に会することを提案しました。熱のこもったやりとりを聞いていると、親はチャールズが一六歳になったらすぐに学校を去る準備をしていることがわかりました。学校の方も、これ以上できることは何もないと言っているようでした。そこで私はひとつの事実に注目しました。親も学校も、実はチャールズが一六歳で学校を出るべきだと、同じことを望んでいたのです。私がそれを指摘すると、その場には即座に安堵の感情が広がりました。学校側は、チャールズがもっと学べるようにと、一六歳になってもチャールズを学校に残してほしいという要求が出ることを恐れていたのです。親の方はと言えば、そうした学校の態度をチャールズにはまだ学びが充分ではないので学校に残るべきだというプレッシャーとして解釈していたのです。双方の誤解が分かって笑いがおき、親は、学校にもっと肯定的な感情を認めることができるようになったのです。なんといってもチャールズは、いつも学校が大好きだったのです。こうした雰囲気の中で、チャールズは一六歳で学校を出るという決定が全員の同意の下になされました。チャールズ自身を含めた全員にとって、これは満足のいく決定であったようです。

教師同士の協力

心理士や外部の助言者なしで、学校の教師たちがある特定の子どもについて、その問題を解決するために協力し合う場面は数多くあるでしょう。問題の性格上、私たちが普段そのような話を耳にすることはありません。しかし本書で紹介した教師のための講座では、いくらかそのような事例について報告がなされています。以下の事例のような状況は、おそらくかなり一般的に見られるものだと思われます。

とりわけ中等学校においては、生徒の大半は、多くの教師たちと網の目のような複雑な関係をもち、当の教師たちもまた、当然のことながら、相互の付き合いの幅はさまざまです。S先生は、大規模な公立中等学校の人間科学科長で生物の教師でしたが、生徒のフェリシティのことが気がかりになっていました。クラスの大半の生徒は、生物学の〝O〟レベルの試験に合格できる見通しで、勉強をしていました。S先生は、フェリシティはこの試験に不合格になる可能性が高いと考えていたものの、彼女は生物のクラスを受講していたのです。フェリシティは、スクールカウンセラーに定期的な面接を受けていましたが、カウンセラーは、守秘義務に抵触する可能性があることを恐れて、S先生と話し合うことはできないと感じていました。S先生が少しの間、教室を離れて、フェリシティが授業を妨害したことについて注意しているときに、校長先生に教室に来てもらったことがありました。このときを境に、S先生はフェリシティとの関係が悪化したと感じています。フェリシティは、このことでS先生を非難しました。フェリシティの学年主任もまた生物の教師であり、S先生の懸念にも拘わらず、フェリシティを生物のクラスに入れるのに一役買っていました。

S先生は話しながら、このことに関わる教師同士で視点が違うことに気づき始めました。まずカウンセラーは、フェリシティに共感的でしたが、守秘義務に縛られるあまり、彼女の問題の本質については説明できないでいました。次に学年主任は、フェリシティの選択が正しかったことを、試験結果が証明すると期待をかけていました。そして最後に校長は、おおむね品行方正なクラスの中で、フェリシティの授業妨害的な行動を憂慮していました。S先生自身は、学年主任の先生を好み、その期待に応えようとするフェリシティから、教師として拒絶されていると感じていました。またS先生は、カウンセラーの役割を侵害することになるかもしれないと、フェリシティの悩みを聞いてあげられないとも感じていました。このように満足のいかない状況の中でS先生は、このひとりの落ちこぼれの生徒の悪影響から、クラスの授業を守ろうとするという方向に傾いていたのです。

S先生の中で、勉強熱心なクラスでのフェリシティの態度に対する怒り、授業を取るのをやめてくれないかといった願望など、自分自身のフェリシティに対する感情がはっきりとしてきました。こうしたはっきりとした見通しをもって、S先生はまず、カウンセラーとの連携を確立させました。これは、両者の間に存在していた分裂を緩和することになると思われました。幸いなことに、教師とカウンセラーふたりは、良い関係を持つことができました。S先生はまた、学年主任と自分のふたりが同意できる、新しい学習計画を作成できました。これは、フェリシティが試験を受けるべきかどうかについて、はっきりとした決断を下すことを助けるものでもありました。校長は、教師が話し合いを持っているあいだ、随時報告を受けながら、状況を見守っていました。

教室に映し出される学校の姿

以下には、学校という組織が全体として、個々の教室の中に反映されうるという、より衝撃的な事例を挙げます。この伝統あるグラマースクールは、あらゆる能力の生徒を幅広く受け入れる、もっと一般的な公立中等学校の姿に近づくように、変革される過程にありました。J先生は、いくつかのクラスをまとめた混合グループで、古代史を教えることになった、新しい授業について話してくれました。多くの子どもにとって、その科目は、通常の古典（グラマースクールが常に得意とする科目）ほど学究的ではない選択科目でした。しかしさまざまな理由から、通常の古典の授業では、成績の思わしくない集団もここに加わることになりました。この新しい授業では、興味深い研究計画がいくつか生まれましたし、生徒たちも熱心な様子ではありました。しかしJ先生はこの新たに加わった集団が、互いに常にちょっかいを出し合い、友好的でもなく、敵対的でとても満たされない子どもたちだと感じていました。学校としては、この実験的な授業の成功に特に熱心でした。それは、この学校の輝かしい過去を、新しい構造へと統合する努力を象徴するものになっていたようです。J先生は、生徒が自分のもともとのクラスのままの小集団に分かれており、それを無理に混合させようとしても、状況は良くならないと考えていました。子どもがどのようにしてこの新しい授業のために選抜され、準備されたかを考えてみました。するとJ先生は、もっと優秀な集団を受け持つ教師は、こうした実験を認めないということで、教職員集団の中でも実際に孤立しているということに気づきました。とりわけ厄介で、他人の成功をあざ笑い、腹立たしく思い、そうした他人とは異なるアイデンティティにしがみついているのは、この集団なのでした。

この学校は、新しく受け入れた生徒にも合わせつつ、これまでに獲得してきた教育や生徒に対する組織的関わり方の良い評判も維持しようと懸命になっていました。新たな実験的取り組みの焦点となることで、このような学校の苦闘が、特にこのクラスに反映されていたようです。ある意味で、これは、学校全体を取り巻く、もっと広い意味での実験の縮小版だったのだといえるでしょう。

このクラスの問題点を検討することで、学校全体の問題について考える視点をいくつか与えてくれます。教職員が学校改革を成功させようと一致して願うこと、そしてこの学校の女性校長が指導力を発揮し教職員と開かれた話し合いを維持し続けたことで、職員室の中でもっと幅広い問題について議論する土壌を育みました。この一連の出来事は、学校の士気や関係性、そして学校の構造そのものが、一見独立しているように見えるクラスという下部組織の中にいかに現れ、それが個々の教師の責任になっていくという、一つの例として、J先生の中に今でも息づいています。

第五部　終　結

Ｉ・ザルツバーガー‐ウィッテンバーグ

第十章　さまざまな終結

はじめに

学期や学年の終わり、大切な関係をもった人びととの、一時的あるいは永遠の別れ、学校生活や子ども時代、青年時代の終わり。死別、自らの人生の終わり。程度の差こそあれ、こうした状況はすべて、私たちを喪失体験に直面させるものです。私たちは、自分を守り支えてくれていたもの、必要とし、愛し、頼りにしていた人びとを失うということに向き合わねばならないのです。親や友人、配偶者やパートナーや恩師の存在なしで、やっていけるでしょうか？　この人たちは、私たちのことを放って行ってしまったのでしょうか？　私たちが死んでしまってもいいということなのでしょうか？　私たちを孤独に取り残したまま、放っておくつもりなのでしょうか？　また戻ってきてくれるのか、それとも私たちのいない間に病気にでもなってしまわないでしょうか？　私たちのことを覚えていてくれるでしょうか？　この人たちにずっとそばにいてもらうために、私たちは自分の欲求を諦めることができるでしょうか？　この人たちとの思い出、与えてくれたことを大切にしていけるでしょうか？　赤ん坊時代や子ども時代、若さ、そうした人生そのものの快適さと特権を、恨めしくも感じすぎないであきらめられるでしょうか？　たとえ葛藤の多い状況であっても、慣れ親しんでいることで得られるある種の安心感のため、別れは困難になるかもしれません。さらに私たちは、その次に起こるかもしれないことを、恐れるかもしれません。まさにことわざが言うとおりです。「知らぬ神より馴染みの鬼。(Better the devil you know than the one you don't know.)」私たちが、終結をすっかり安堵して静観できるのは、そうした過去や現在がまことに悲惨なものである時のみなのです。

ここでは、生徒と教師の生活での一般的な終結の状況について、検討していきましょう。こうした状況にともなう不安や苦痛は、めったに直視されません。しかしこうした体験がいかに扱われるかは、過去の何を保持し、現在や未来において、いかに創造的に用いることになるのかを決定付ける上で、とても重要なことなのです。

次の教師への引き継ぎ

多くの学校で、子どもたちは頻繁に教職員の異動を体験します。一日のなかでも、授業ごとにひとりの教師から次の教師へと順次引き継がれます。代理教師や教育実習生が、限られた期間に不定期に現れたりもします。さらに転職や結婚、昇進などにより、相当な数の教職員の出入りもあるでしょう。

しかしこうした一時的な、あるいは永続的な変化について、話し合われることはほとんどありません。せいぜい何かのついでに触れられる程度で、通常はこうした出会いと別れによって引き起こされる感情に直面するようなことはありません。私自身、タビストックで教師のための講座で教えながらも、ひとつの大グループを別のスタッフに一時的に受け持ってもらうことが、かなりの混乱を引き起こすことになることを十分に認識するまでに、数年はかかりました。私は、数回のセミナーを私に変わって受け持ってくれた同僚が、大変な思いをしたことを幾度となく体験しました。この同僚は、グループが担当者の変更で混乱していることに気づいていました。また私のほうも、戻った際にグループのメンバーとの関係を再開するのが、いかに大変かを思い知らされました。私が戻ったことを情熱的に迎え、同僚の方が代理教師としてこき下ろされるようなこともあれば、新しい教師に熱狂し、すべてのよい感情がそちらの方に注ぎ込まれ、まるでこれまでの私との関係が忘れ去られたかのようなこともありました。多少の変化や多様性が有益なのは疑いがないことですが、どんな変化もある程度の不安をもたらすものです。ここでは、別の教師に変更することに伴う情緒的要素を、身近な体験を通して、直に探求する機会が与えられました。つまりどんな教育機関でも絶えず起こっていることなのに、こうした変化が生徒にどんな意味を持つのかには、ほとんど注意を払われていないという現象について、探索する機会が与えられたようでした。以下は、私の同僚が私に代わって三週間グループを教える事態について話し合った際に、メンバーが語ったものです。変化に対する一般的な態度を示す見出しをつけて分類していますが、これらの意見は、概ねこの通りの順に出されました。

（a）抱える環境を失う恐れ：

「まあ、なんてこと。また最初から始めなければならないなんて。ひどい混沌に舞い戻ってしまうわね」。

「先生がここにいないなんて、変な感じです。今では先生に慣れているし、だからこそ安心しているのに」。

「先生がいなくなると、つながりが切れてしまいそうです」。

「私たちグループのことを覚えてくれていますよね」。

（b）去る者への怒り：

「私たちのことを見捨てるのですね」。

「私たちのことなんて、どうでもいいみたいですね。適当に拾い上げたかと思うと、今度は突き放すんですね」。

「こんなことなら、最初から講座に参加しなければ良かった」。

「W…先生、まあ、もうあなたのフルネームを忘れてしまいました」。

「その別の先生が来られても、出席しません」。

（c）古い人間関係の価値下げと、新しい人間関係の理想化：

「私は、先生のグループの扱い方が好きではありませんでした」。

「私は変化が好きだし、ともかく、もっととっつきやすい先生が来てくれるといいでしょうね」。

「これまでのセミナーがどのくらい有益だったか、よく分かりません」。

「たぶん、新しい先生の方がいいでしょう」。

「先生は厳しかったので、休めるのはいいですね」。

「新しい先生は、先生みたいに質問を投げかけるばかりじゃなくて、多少は答えをくれるかもしれませんね。その方がよほど楽でしょうね」。

「いつも同じ先生というのは、飽きますし、きっと楽しい変化になるでしょう」。

「新しい先生が視覚教材を使ってくれるといいなあ。その方がもっと楽しいはず」。

（d）教師の不在理由に関する空想：

「先生はいつも疲れているように見えました。きっとどこかお悪くて、休養が必要なのでしょう」。

「たぶん、私たちにうんざりして、もう我慢できないのでしょう」。

「もしかすると、私たちのことが好きじゃなくて、別のグループのほうがいいのかしら」。

「私たちに教えているよりも、もっと良いことがあるんでしょう」。

（e）好意的な感情を保つ試み：

「ともかく三週間で戻って来るのだから、長い不在ではありませんね」。

「先生がここに来られないのは悲しいです。先生のことが、恋しくなると思います」。

「このセミナーが、今まではとても楽しかったです」。

「このグループを担当するのに良い人を見つけてくれたに違いありませんよね」。

「私はこのセミナーに出席して多くのことを学びました。本当に、覚えておきたいと思うことがあります」。

別れに際しての葛藤

ここに引用したものは、たとえ一時的な別れだとしても、そこでかき立てられた葛藤に満ちた感情を表現したものです。教師の不在が、こんなに強烈な感情を呼び起こすとは、驚きかもしれません。こうした状況の大変さは、教師がそのグループ（そしてその中の一人ひとり）に対して果たす機能や、心の深層でかき立てられた不安によります。なぜなら、どんな別れも、母や父に放っておかれた人生早期の状況を呼び覚まします。そしてそのことが、再び混沌とパニック状態の中で寄る辺ない感情にさらされる恐怖になるからです。それゆえ教師は、その役割の性質や教師自身のパーソナリティから、グループの一人ひとりの個性と、グループを構成する一人ひとりそれぞれ異なる側面についても心の中でまとめ、抱えてくれる存在として体験されるのです。そのようにして受け止めてくれる人の存在なしでは、グループは、バラバラになってしまったり、迷子になったり、それまでグループを構成してきたもの同士のつながりをなくしたり、さらにはそれまでの良い経験の記憶までなくしてしまうのではないか、と恐れるのです。こうした不安が、自分たちを窮地に追いやった責任があると感じられる人物への怒りの原因となります。さらには、破壊的な感情によって、その関係の中で得た良いものが、すべて永遠に失われてしまうのではないかといった不安をもたらします。なぜなら、大切な対象を失う苦痛を体験する怒りや恐怖は、私たちに現在を価値下げさせ、喪失をいい厄介払いだとみなし、そこから背を向け、新しい教師とのもっと理想的な関係への期待へと素早く置き換えられるものだからです。

喪失に耐える力は、子ども時代の分離や喪失に関わる過去の体験を、いかに克服してきたかに影響されます。とりわけ乳房や授乳してくれる母親からの離乳の体験が大きく影響するといえます。あまりに激しい恨みを抱くことなく、欲求不満に耐えられるかどうかという、子ども個人の能力による面もあります。すべての別れは、いくらかの欲求不満、怒りや不安を伴うものです。ここでもっとも大切なことは、こうした情緒的苦痛を回避したり排出したりしてしまうのか、あるいは、思い出し考えていく心の作業を通じて痛みを調節していくのか、ということです。破壊的な感情に支配されている状態では、赤ん坊／生徒／グループは、単に不在の母親／親／教師に置き去りにされるだけではありません。意地悪で、自分を見捨てて気にもかけない、懲罰的な悪い内的対象とともに取り残されることになります。これは、去っていった対象との関係に影響を及ぼすだけではなく、翻って関係の中で、享受し、そこから学んだことを保持し、用いる能力にも影響を与えます。愛する対象が不在のあいだも生き残り続けるためには、一時的な代理が不可欠かもしれません。そこで、赤ん坊は自分の親指を、子どもはオモチャを、大人は別の人物を、本来、依存している対象が戻るのを待つあいだに見つけ出すのです。しかし生きた人物（生きている限り、いなくなったりまた戻ってきたりする）との関係よりも、いつも手が届き、自分の思い通りになる生命のない対象の方を好む乳児や子どももいます。

最初の永遠の喪失体験が、離乳です。離乳に際してあまりにも大きな失望と怒りを抱いて、母親を憎み、背を向け、理想化された希望を抱いて父親との関係に向かっていく乳児もいます。喪失を悼める能力は、配慮をもって分離を扱い、赤ん坊を緩やかに離乳させる母親の能力、さらには避けがたい怒りや罪悪感や悲しみの感情に耐える母親の能力によるところが大きいのです。しかし母親自身の罪悪感や抑うつのために（教師でも同じことですが）、情緒的に不在だったり、物理的に引きこもってしまったりするかもしれません。こうした状態では、赤ん坊は拒否されたという感情を強め、母親は自分の世話をしたくないのか、あるいはできないのだという不安を抱かせることになってしまいます。実際、離乳のときには、赤ん坊はそれまで以上の注目と愛情を必要としているのです。なかには悲しみに耐えられず、赤ん坊を苦痛な状態から引っ張り出して、楽しませようと試みる母親もいます。しかしそうすることで母親は、こうした感情は耐えられないものだという考えを乳児に伝えていることになるのです。そのため、こうした感情は十分に取り扱われないことになります。悲しみは、失ってしまった良い対象の記憶を心の中で生かし続けるという、価値ある基盤を形成するのですが、後々の喪失にあたって、そうした人は、悲しみをいまだかつて経験したことがない、ということになるのです。

個人が体験する不安は部分的には、喪失の理由にまつわる空想に関係します。そうした空想は、迫害的な性質を帯びたものかもしれません。たとえば、教師からの罰ではないか、あるいは教師がこのグループを嫌で拒絶したのではないかといった恐れなどは、ちょうど子どもが、自分から去っていく親は、自分を求めてもいないないし愛してもいないと感じるようなものです。あるいは、もっと抑うつ的な性質を帯びたものかもしれません。たとえば、教師の強さと（あるいは）忍耐力を、枯渇させてしまったのではないかと案じることがあります。これは乳房を空っぽにしたり、傷つけたりしてしまったのではないか、あるいは、親を疲弊させてしまったのではないかという、より早期の感情によって引き起こされたものでしょう。さらに不在中の教師がしているかもしれないことについて、あらゆる考えが起こってきたりもするでしょう。こうした無意識的空想から生じるライバル心や羨望の感情で、教師への怒りがもっともっと大きくなるかもしれません。

こうした感情はすべて、生徒の心の中で重要な位置を占める人物との別れに際して、ある程度、呼び覚まされるものです。もし教師が、自分の眼前で生徒が怒りを表すのを受け入れられたなら、教師は、生徒にとって、そうした猛攻撃を生き延びることができるばかりか、なお愛情深く、自分のことを考えてくれる人物に写るでしょう。これは、拒否的で、意地悪な、あるいは弱い教師という無意識的空想を、現実（の教師像）と比較する機会を与えることになります。すると、こうした良い記憶が、教師の不在中に沸き起こる不安や空想に対抗するものになりえるのです。それは教師が不在になる前のときでさえ、もっと肯定的な償いの感情が前面に出てくるのも促すことになります。その場合、もっと良い関係で、別れを迎えられると言えるでしょう。教師は、しばしば敵対的な感情を受けとめるのと同じくらい、悲しみや愛情表現を受けとめるのは難しいと感じます。実際、別れのとき教師が、そこに伴う悲しみや痛みを生徒と分かち合うことは、めったにありません。しかし生徒が感謝の念を表そうとする気持ち、自分のことを覚えておいてほしいといった欲求には、もっと注意を払うかもしれません。これは、たとえば詩や絵画作品や工芸品などといった、教師への個人的な贈り物という形をとることもあるでしょう。これは、たいていの送別会で特徴とも言える、口先ばかりのお世辞の数々、プレゼントの山や表面的な感謝とは区別されなければなりません。

別れがもたらす苦痛を考えれば、ほとんどの教師がこのテーマについて考えるのを避けようとすることは、驚くに値しないでしょう。しかし教師は、自分が去る前に、自分の受け持つグループが敵対的になったり、自分に背を向けるようになったりすると、驚き、傷つくのです。教師は、自分が去ることで生徒に与えてしまう痛みに、あるレベルでは十分に気づいているのです。そしてそのために生じる罪悪感から、自分が受け持つグループや一人ひとりの子どもたちと、その状況についてしっかりと向き合えなくなるのです。ただそこから身を引くのです。一時的な不在を克服するのに、数週間はかかるかもしれませんが、一方で永遠の別れとなると、何ヵ月もの準備期間が必要になります。さもなければ新たにやってきた教師は、去っていった教師に対して表現しつくせなかった生徒らの恨みの気持ちの受け手にならざるをえないという、不公平な重荷を背負わされることになるかもしれないのです。しばしば教師の方も、生徒と同じように強烈な喪失の痛みを感じます。クラスが、自分の家族に代わるもののように感じていた教師にとっては特にそうです。自分のものであるという感覚（「うちの子ども」や「うちのクラス」という表現に表わされている）は、別の教師に手渡すことに直面するのを、とても困難なものにします。新しい教師の方が自分よりも良く、子どももそちらの先生の方により懐いていき、もう過去の人である自分には会いたいと思わないのではないか。そういった恐怖を抱く教師もいます。さらにカリキュラムの習得度、クラスの成績や行動面について、引き継いだ教師が、悪い評価をするのではないかという不安もあるかもしれません。そんな教師のライバル心、迫害感や抑うつ感が、生徒の気持ちを受けとめ、話し合うのをさらに難しくするかもしれません。しかしたとえ一時的なものであっても、別れについて話すのを避けることで、その体験が忘れ去られるわけではありません。逆に生徒にとっては、教師にはそうした配慮さえできないか、そうでなければ、怒りや抑うつをともなう苦痛な感情に、直面できないくらい弱いのか恐れていると感じられるかもしれません。さらに教師がそのような感情に耐える勇気がないと受け取られるならば、生徒にとっては、そうした感情に耐えることは二倍にも困難なものとなるのです。

喪失をあまりにも苦痛に感じる場合、人は、他人と深く関わるのを恐れるようになり、その人のもつ人間関係は表層的なものにとどまる傾向となるかもしれません。人生において、数多くの喪失を経験すると、再度、深い愛着を形成するのは、危険すぎると考えるようになるかもしれません。こうした状態は、ある学校から次の学校へ、ある土地から別の土地へ、ある国からまた別の国へと、数多くの移動をせざるを得ない子どもたちに見られます。そのような生徒は、度重なる未消化な喪失体験を十分に取り扱ってこなかったために、基本的に抑うつ的なことが多いのです。別れの痛みについて理解しつつ、自分が受け持つのは短期間のみなので、あまり深くかかわらない方が良いのだと考える教師もいるでしょう。これは間違った考え方です。なぜなら、自分のことを理解してくれる、共感的な大人との関係は、そのような人間関係が存在するのだという希望を子どもの中に抱かせる一方、表層的な関わりは、誰も気にかけてくれる人などいないのだという、さらなる失望へと子どもを導いてしまうからです。しかし突然に生徒を見捨ててしまうのではなく、自分が（あるいは生徒が）去ることに対して、準備をするということは基本的に重要なことなのです。そうすることで、外的に存在する期間を超えて、生徒の人生は続いていくのだということについても考えられるほど、私たちが彼らのことを気にかけているのを示すことになるのです。親が子どもを別の学校に転校させるときには、友達や先生に、お別れの挨拶のできる機会をもち、友好的に別れられることがとても大切です。これは、子どもがしばらく登校していなかったり、親が学校に対してさまざまな不満を抱えていたりするような場合にもいえることです。適切な別れがないと、終結というものが体験されません。すると決して完成されることのない未完の課題を抱えたまま、新しい状況に入っていくことになるのです。過去を怒りにまかせて抹消したり、終結を否認したりせずに、別れが成し遂げられたなら、実際の喪失はもっと少なくてすむのです。なぜなら、その関係の中の良いものが心の中に保持され、強さの源泉として内的に生き続けるからです。

休　暇

忙しい仕事や厳しい時間割から解放されるものとして、多くの教師は休暇を歓迎します。休息、リラクゼーション、変化や余暇の時間は、基本的に必要です。私たちは、これが生徒たちにとっても、同様に当てはまると考えがちです。これはある程度はそうかもしれません。年長の生徒や、家庭やレジャーの時間から学校生活に代わるポジティブなものを与えられる生徒にとっては、特にそうでしょう。しかし休暇の利点について、あまりにも当然のような仮説をもつと、学期の終わりが、しばしば不安や怒りや抑うつ感で一杯になる時期でもあるということを認識できにくくなるかもしれません。ここで、学期の終わりが、私たちの人格の中にある、子どものような部分にとってはどんな意味をもつものなのか、もう少し詳しく考えてみましょう。

休暇に入ること (breaking up)(訳注1)

この言葉が、学期の終わりを意味する際に用いられるのは、重要なことです。ある教師は、クラスを去ることに関して考えたとき、どれだけクラスとのつながりを断ち切る (breaking) かのように感じられたかに注目しました。深層では、この教師は、このクラスに必要なものを与え、気にかけ、心の中に抱えてくれる親のような人物として体験されていたのです。そこで教師がいなくなることで、こうした命綱が断ち切られる脅威となっていたのです。全教職員と全生徒が出て行き、校舎が閉じられた場合には、さらなる不安が引き起こされるかもしれません。そうなると、学校組織全体がもう手の届かないものになってしまいます。これは、家そのものや家族、親や同胞でさえ、自分を外的な支えなしに、広く大きな世界にとり残して消えることがありえるのだという、あらゆる深いレベルでの恐怖を喚起します。加えて休暇によって、構造というものがなくなります。行動上の規則や、時間割によって課せられた規則性や課題は、面倒に感じられるものかもしれません。しかし子どもと、大人の中の子どもの部分は、それがなくなることで得られる自由に当惑し、恐れます。なぜなら、そうした自由は、内的世界の空虚さや混沌に、真っ向からさらされる機会をもたらすものだからです。

興奮と抑うつ

学期末が近づくにつれ、心を占める主な関心事は、休暇中の計画とその準備ですが、このために、しばしば学業は放棄されてしまいます。クリスマス前が特にそうなりがちです。クリスマスのための照明や飾りが興奮を誘い、この季節に特有の食べ物が食欲を刺激する一方、期待しているか、あるいは頼んであるプレゼントには、幸せをもたらすものとして過大な希望が注がれます。もっと成熟するにつれ、このような物質的な期待はただうわべだけのものであると感じ、その代わりに、自分の家族、そして国々という家族の中での、まとまり、調和、美、そして平和を深く切望するようになります。クリスマスの物語もほかの宗教の物語も、その中心的テーマは、絶望を克服して希望が蘇ること、善が悪に打ち勝つこと、闇から光が現れること、対立を乗り越え平和が生まれることへの喝采です。宗教的信念は、こうした希望と、理想に向けて努力する決意を維持していくのを支えてくれます。しかしこうした理想が満たされないままだと、私たちの存在という現実の上に、さらに深い影を投げかけるだけかもしれません。プレゼントが、私たちの願いを満たせないだけではありません。家族内の不和や、（別離、離婚、子どもがないこと、死による）家族の不完全さが、ちょうどこの時期にはとても強烈に感じられ、深い抑うつ感情を引き出すことにもなるのです。休暇前や休暇中というのは、他人は自分よりも、物質的にも、親密さや愛情面でも、あるいは調和の取れた人間関係の面でも、もっともっと恵まれているはずだという確信を持った比較で一杯になるのです。このため後日、自分の休暇

（訳注1）イギリス英語では、休暇に入ることをbreaking upと表現するが、これは他にも、物がばらばらになること、精神的・肉体的にまいってしまうこと、結婚生活や友情が破綻すること、等にも用いられる。

について人と話す際、きらびやかな言葉を用いるしか、表現の方法がなくなってしまうのです。休暇が期待はずれだったとか、楽しくなかったなどということを認めるのは、とても大変なことなのです。子どもたちは、お互いのプレゼントや家庭の様子を比較し合うだけでなく、教師とその家族についての空想を抱きます。ある子どもが、「先生は押入れの中の操り人形みたいに、休みが終わるとまた校長先生が取り出してくるんでしょう」と言ったように、教師が学校以外の生活を持っているということが、完全に否認されていることも、もちろんあるでしょう。しかし生徒が、教師にもそれぞれの生活があるのだと考えられるならば、自分の欲する注目や世話を休暇中に得ているはずの教師の家族に対して嫉妬を感じるかもしれません。生徒は、教師とクラスメートたちの両方と会えなくなり、忘れられるのを恐れるかもしれません。そのため椅子や机に名前を彫ったり、壁に消えないインクで記したり、セーターを交換するなど、他にも多くの同様の行動が見られるわけです。中には、「終わり」ということに直面できず、最後の数日もしくは数週間も学校を休んだまま、なんとなく休暇に入っていくような子どももいます。目的もなく街をうろついて喪失の感覚を表現する子どももいれば、あまりにも抑うつ的になって、布団にこもったままになる子どももいます。

破壊的行動

休暇に対して、ひきこもったり抑うつ的になったりして反応する子どももいれば、抑うつや喪失を自分の心の中で抱えておけない子どももいます。代わりに、バラバラになってしまうことや混沌の体験を行動というかたちで表現してしまうのです。それが、小麦粉や卵を投げたり、消火器を噴射させたり、テーブルや椅子を叩きつけたり、あるいは窓から備品を投げたりといった、非常に抑制のきかない行動をもたらすのかもしれません。これは、学校という構造が、統合をなくしてしまうという感覚を表すものかもしれませんが、嫉妬や羨望の表現でもあるでしょう。まるで生徒たちが「学校や先生の与えてくれる良いものがもうもらえないって言うのなら、いっそのこと全部だめにしてしまうよ。そうしたら、誰も、もう、もらえなくなるんだから」とでも言っているようです。ときに、こうした行動は、規則や制限から解き放たれて自由になり気持ちが軽くなることだと、誤解されることがあります。こうした生徒は、自分の与えた損害を恐れ、休暇明けにそこに戻らねばならないことを恐れる傾向にあるといえそうです。またこうした生徒は、傷ついた教師イメージを心の中に持ったまま休暇に入るため、生活の構造や人生の意義深さを与えてくれる、内的な支えなしに休暇を過ごさなければならなくなるのです。ある教師は、少女たちが泣き叫んで取り囲む中、少年たちが互いのネクタイ（tie）を切り合うさまを、話してくれたことがあります。このような行動は、文字通り、教師から（臍の緒のような）つながり（tie）を切られる体験をしているのですが、その中で、自分の方が切る側に回りたいのだと理解することができるかもしれません。緩やかに幕が下ろされるというよりは、残酷な終わり方だと感じられているのです。一方、少女たちの行動は、愛情や依存、あらゆる制限といった縛り（tie）の必要がなく、自分たちだけでやっていけるのだという、勝ち誇ったような少年たちの自己主張に対して、興奮や恐怖、驚愕を表現するものだと思われます。

　この状況で、拒絶され、愛されず、気にかけてもらえず、絶望的な気持ちの中に取り残されるのは、教師です。教師が、恐れを見せたり、状況から引きこもったりして反応をすると、生徒は教師を実際に打ち砕いたと経験するでしょう。一方、教師が懲罰的になれば、子どもは自分の行動は正当化されるべきだと感じ、自分が残酷なことをしているという感覚をなくしてしまうかもしれません。多くの学校が、崩壊や不調和の恐怖に対抗するかのように、学校を一致団結した集団にする目的で活動を行います。コンサートや演劇、作品展示会といった形を取ることもあれば、もっと違ったタイプの行事もあるかもしれません。これは、ある程度、背後にある軋みや葛藤を包み隠す一方で、学校が崩壊せず、生き残り、葛藤のある部分を内包しつつも、機能する一単位として存在しつづけられる構造を維持している事実を示す大切な事柄です。子どもが、学校との具体的なつながりを保つには、図画やそのほか学校で仕上げたものを家に持ち帰ったり、あるいは学校で飼っている動物の世話をしたりするなど、多くの方法があります。これらはすべて、学校での思い出や、学期中に培った良い関係を休暇中も、生きたものとして心にとどめておくのを支えるものとなるでしょう。

休暇明けの行動と感情

生徒がどのように休暇から戻ってくるのかは、部分的には、休暇に入った際の心の状態と、休暇前から持ち越された感情によります。教師グループの例を挙げましょう。春学期に再会した日の夕刻は、たいへんな雪の日でした。出席率が低かったのですが、出席者は、他の人たちはどうしているのだろうかと、あれこれ考えました。雪のために来られないのか？　何か具合の悪いことが起きたのだろうか？　もう講座を続けたくないので、戻ってこないのだろうか？　私は、参加者がみんな、私がその場にいるのを当然のように受け止めているという事実に驚きました。実際、私自身、何とかここまでやってきた、という状況だったからです。参加者のうちの一人が冗談めかしに、「先生は、この場所に、ずうっといるんですよね」と言いました。

これは、いかに誰もが、あるレベルでは子どものように考えるものかという、印象的なエピソードです。また教師は学校に住んでいると信じている生徒、教師はいつも同じ教室にいて、そこで食べ、眠り、完全にそこに閉じ込められた状態で、外界との接触を一切持たない、と信じている、もっと年少の児童のことを思いださせます。こうした考えが、安心感を維持し、自分が必要なときに教師を見つけられないかもしれないという不安、教師の安全を心配せねばならないといったことから、生徒を守ってくれます。このような信念は、教師の家族や学校外での活動に関わる、嫉妬や羨望の感情からも、生徒を守ります。

休暇前の最後のセミナーで、非常に白熱した討論があったことを覚えていた人がいました。講座について振り返る中で、強い批判の声があがったのです。講座に対して肯定的な感情を抱いていた人たちは、擁護するために声を上げなかったことに罪悪感を抱いていました。彼らが声を上げなかったのは、お互いに無礼な態度を取りたくなくて、同意を得られないことに対して弱く、気分を害してしまう人もいるかもしれないと考えたためだということでした。それにも関わらず、彼らの心の中（すなわち、空想）では、スタッフも他の参加者も、これが傷つきの体験になっていたようなのです。この経験は私に、振り返りの話し合いは、学期の最終回に持ってはならないということを教えてくれました。これを早い時期に行えば、激した感情の表現も可能になり、しかもそうした攻撃が、ここでの関係に永続的な害をもたらさないことを確かめる機会をも持てるのです。再会することで、もっともっと思慮深くなる機会とともに、傷ついた人に対する修復の機会にもなるでしょう。この場面でグループの不安は、かなり高かったのですが、それは次のような参加者の行動にも見られます。先週、帰宅途上で、「建物がまだちゃんとあるか確認のために立ち寄った」人がいた他、職員がいるかどうか確かめに来た人も二人ほどいました。一方、今でも自分が歓迎されていることを確かめるかのように、また来ていいよと言ってほしいかのように、最初の週に欠席した人もいました。

休暇後、生徒に落ち着きが見られないと、一般的には勉強に戻るのを嫌がっていると仮定されます。これはある程度正しいかもしれませんが、上記の例からも分かるように、学校や教師やクラスメート、そして学習することが存続しているということが、大きな安心感として受け止められます。学校に戻ってくることの難しさは、しばしば、教師の不在に対する恨みや不安、望まれなかったり愛されなかったりすることへの恐怖、そして破壊的な行為や空想の結果として行わねばならないかもしれない償いの作業への怖れなどに関係します。教師は、休暇中も生徒のことを心に留めていたことを示すことが大切です。たとえば、休暇前に起こった事柄を覚えているとか、休暇中に生徒に起こったことについて気にかけたりすることです。これは、生徒を教室の中に再び集め、友好的な関係を再構築して、生徒が新学期の活動に向かいやすくする要因だといえるでしょう。

教育課程の終結

進学していくにつれ、多くの終了や移行に出会います。年度末、幼児・初等・中等学校の卒業、そしてその先におそらく、高等教育や職業訓練、専門職のための訓練といった期間もあるでしょう。それぞれの終結は、別れを告げるという意味、すなわち過去を振り返りつつ未来に期待するという意味を持ちます。友人や教師を失うことと同時に、慣れ親しんだ組織と、これまで受けてきた支えを失うことでもあります。今後も会い続けようといった約束事もよく決められます。そうした同窓会は楽しいものかもしれませんが、その一方で、関係が昔と何も変わっていない、と思い込もうとする傾向があります。子どもや少し年長の生徒でも、学校やカレッジを少なくとも一度は再訪問したいと考えるのは、珍しいことではありません。学校がまだそこにあるということを確かめ、自分たちが今でも歓迎されるのだと感じたいのでしょう。

教育の階段を一段一段上ることは、自立に向けて、制限からも少しずつ自由になることを意味します。しかしそれは同時に子ども時代、あるいは学生時代の喪失をも意味します。ある程度の自由と安全感に守られた時期から、もっと大きな責任感をともなう段階へと移り変わっていくのです。こういった過渡期には、次に進むべき場所、これまでに達成したことと達成できなかったことについて考えざるを得なくなります。またここで終わりになるまでの体験についてどう考えるのか、人生の次の段階へ入っていくのにどれだけ準備ができているのか、といったことについても、考えざるを得ない時期です。一つの教育課程をやり遂げたことで喜びと誇りと安堵で一杯になり、基準を満たして認められたことに満足して振り返るかもしれません。学んだことを実践に移せるだけの力を得たのを試すのに懸命になるかもしれません。同時に、終結を意識することで起こってくる不安や否定的な感情があまりにも強力なために、機が熟す前に学びを終えてしまおうとすることもありえるでしょう。これは、年度末の活動や試験の準備、あるいは就職活動といったさまざまな口実による欠席の増加、といった形で表現されるかもしれません。

たとえ生徒の体が教室にあっても、心はそこにない、ということもあるでしょう。たとえば、ある生徒は「もうどちらにしても遅すぎるから、最終学期は勉強するのを止めたんだ」と言い、また別の生徒は「どうせ学校は終わるんなら、今のうちに自分から離れていく方があまり傷つかなくてすむから」と言います。こうした絶望感、あるいは、活気があり価値あるものが終わりになるという痛みを避ける試みは、実際の学びを失ってしまうことを意味します。このような経験から、私の講座では、最終学期の初めに終結について話し合うようになりました。そうすることで、参加者が最後の最後まで努力しつつ学び続けられるのではないかと願っています。ここで、講座が終わりに近づくにつれ、生徒が実際に言葉にした感情、あるいは（たいていは意識されていませんが）一般的に体験される感情について、紹介していくことにしましょう。

終了に伴う生徒の感情

機会の喪失

「こんな機会は、もう二度とないと思います」。

「自分には、勉強したり考えたりする自由があったんだということを、今の今まで十分わかっていませんでした」。

「先生方の存在をうまく活用しきれていなかったと思います。自分の弱さを見せるのが怖かったんです。でも、もっとオープンになれていたら、もっともっと助けてもらえたかもしれませんね」。

「最低限でやり過ごそうとしたために、かえって多くの時間を無駄にしてしまいました」。

「理解できないことが本当にたくさんあったのに、質問しようとはしませんでした」。

「自分のことをみんなに印象付けられなかったので、忘れられてしまうんじゃないかと心配です」。

「私は悪い印象を残すんじゃないかと思います。今からでも、挽回できるかどうか分かりません」。

こうした気づきは、悲しみや後悔を引き起こし、残された時間に限りがあるということに強烈な自覚をもたらすかもしれません。これが、無駄にしてしまった時間や機会を埋め合わせようと、学び、もっと努力する結果をもたらすかもしれません。そのため、最後の数カ月の学びへの大きな努力と頑張りは、印象深いものになるかもしれません。

自分の適性についての疑いと不安

成績の芳しくなかった生徒は、将来に予測される、さらなる課題に直面するだけの能力があるのかどうか、自分自身を疑いがちになるものです。それは、新しい教師、次の学年、次の学校、さらなる高等教育か、あるいは仕事かもしれません。そういった生徒は、かなりの不安や抑うつを示すかもしれず、こうした移行について話し合いを持つことや、教師の注意深い扱いを要すると思われます。成績が思わしくなくとも、自分自身の抱える困難を否認し、自分の伸び悩みは学校や教師のせいだと信じて片付けてしまう生徒もいます。多くの思春期の若者は、不当な制約や子ども扱いだと感じられるところから巣立っていくのをほとんど待てないようです。しかし同じ生徒が、いったん仕事の世界に入り、そこで要求されることの空気を味わった後、学校の教師の所に戻ってきて、安心感と慰めを求めるのは、かなり良く見られる光景です。学校で成績も良く、賞を得たり、収めた成果に対する証書をもらったりしたような生徒でさえ、自分がどれほど学んだのかに疑いを持つ傾向は見られます。以下にそうした生徒の言葉を引用します。


「一体何を学んだのかよくわからないんです。実際に試してみるまでは、分からないのかもしれません」。

「仕事をしていくのに、十分に学んだかどうか分かりません」。

「支えなしで、これから、どうしていったらいいのでしょう?」

「学んだことを覚えていられるかどうか、まったく自信がありません」。

「目を光らせて、励ましてくれる人がいなくなったら、自分が学んだことを積み上げて、さらに発展させていくことができるかどうかわかりません」。


確かに、その場で成果を示せるようなはっきりしたスキルでもないかぎり、学んだことについて自信を持つのは、とても難しいことです。こうした疑いは、思慮深い生徒を悩ませますが、むしろそうした不安を口にしない生徒について、考えるべきなのかもしれません。表に現れた自信過剰が否認や万能感に根ざすものであるならば、それは突然に崩壊し、不安に圧倒され、試験に立ち向かえなくなるかもしれません。

第十章　さまざまな終結

分離とその後に試される事柄は、次のようなものです。

（a）たとえば、生徒の精神的・情緒的力の一部となるものが、どれだけ真に学ばれたのか。模倣や、教師に頼りきることを基礎にした成果しかあげなかった生徒にとっては、自身の血肉とできることはほとんどないでしょう。

（b）教師がいなくなることで、どれだけ腹を立てるのか。あるいは、その代わりに、自分が得られた援助にどれだけ感謝するのか。そしてその後、学んだことを守り、努力しつづけようとし、必要なときにのみ援助を求めようとするのか。知識を保持し、自分自身のさらなる学習に責任を持てない生徒は、過去の指導者にすがりつき、いつでも援助の手が差し伸べられると確信しようとするか、あるいは、現在の課程が終了する前に、新しい課程に登録したりする傾向があります。こうした生徒の一部は、永遠の学生になっていくのです。

（c）自分自身の成長に、どのくらい責任が持てるのか。教科への興味や進歩を維持するために、ただ教師の注目や励ましに依存していると、教師から離れて一人になった際、学び続けるのが困難になります。

嫉妬と羨望

友人や尊敬する教師、あるいは恵まれた学校を去る際、それまでの自分の居場所に収まることになる次年度の生徒に嫉妬を覚えるかもしれません。新しい生徒は、年下の同胞、父親と母親の新しい赤ん坊でもあるかのように経験され、彼らが手に入れることになっているものに羨望の念を抱きます。新しい生徒（赤ん坊）の方が、自分よりも良い子で優秀なので、自分よりも好かれるに違いないという恐怖はよく起こってくるものです。さらに教師も経験を積み、教えるのも上手くなっているかもしれないという利点さえあると感じるかもしれません。こうした感情は、生徒が、将来的にその教育課程をもっと良くするためにはどうすべきか、といったことを話し合う気持ちを萎えさせます。自分ではなく、他者の利益になるのに悔しさを感じるのです。こうした感情から、自分の後輩にとって、もっと難しくなるように、条件や基準をもっと厳しくすべきだという提案が出ることもあるのです！

そこに留まり、今後も互いを支えあう立場にある者に対する羨望もあるかもしれません。こうした感情は、今後も在籍予定の生徒集団と、教職員集団の両方に向かいます。知識、スキル、知恵を持ち、それを今後も人びとに広めつづける立場にある教師への羨望は、よく見受けられるものです。教師は、わざと自分が提供できるもののほんの少ししか与えてくれずに、残りは自分のためにとってあるのではないか、と疑われることすらあるでしょう。

終了に伴う教師の感情

関係が終わるときの生徒の態度、それに伴って起こる不安は、ある程度、教師にもあてはまります。

機会の喪失

生徒思いの教師は、「このクラス全体や、クラスの一人ひとりに、十分なことをしただろうか」、「生徒の能力を十分に伸ばしてやるだけ、努力しただろうか」、「それぞれの子どもに合った教え方ができるほど柔軟だっただろうか」、「ベストを尽くしたか、それとも最小限のことしかしなかっただろうか」などと、自問するでしょう。特に、試験に落ちたり、しっかりと学べなかったり、持てるだけの力を発揮しきれなかった生徒には、罪悪感も起こるでしょう。罪悪感は、生徒たちがどれほど実際的な力や学力がついたかに関して感じられるものでしょう。それに加えて、多くの教師は、生徒の情緒的発達を支える機会を十分に生かすことができたかどうかも自問するでしょう。教師の多くは、自分が子どもの情緒的発達を促進するのにも、妨げるのにも大きな責任があることに気づいています。教師は、生徒を十分に育ててきたかどうかということばかりか、生徒が自分の足で立つのに十分な責任感と自己信頼感を持てるように、援助できたかどうかについても考えるでしょう。

徒労への恐れ

教師は、かなりの関心と思い入れを注いでいて、それがすべて無駄になってしまうのではないだろうか？と、不安を抱くかもしれません。これはちょうど、思春期の子どもが家を出て行くのを目前にした親と似たような立場だと考えられます。このころの子どもは、自分の受けてきた愛情や世話の証など、ほとんど見せないばかりか、自分自身に対してでも他者に対してでも、ぞんざいで無神経にふるまうものです。学業成績に関してはどうでしょう。試験結果は、通常、年度の終了後に通知されるため(訳注2)、この点での失敗に関しては、直面されないままのこともありえます。そのため、生徒は、こうした苦境を支えられたというより、苦境の中に見捨てられたと感じるかもしれません。生徒は、試験の結果にそって、現実的な別の選択肢を考える助けを得られません。またしっかりと行き届いた建設的な職業指導が与えられることは、ほとんどないのです。

また教師は、学校の終了後に生徒が身をおくことになる環境が、これまで学んだことを台無しにしてしまうのではないか、と感じるかもしれません。手塩にかけてきた生徒にとって、雇用機会が不足しているのではないか。また仕事から充足感を得られないのではないか。こういったことについて心配するかもしれません。親と同様に、教師は、生徒が現実の世界に出て行くのに、十分に備えてやっただろうか、あるいは過保護にしすぎなかったか、責任感を養ってやったか、あるいは一人でやっていけないほどに依存的にさせてしまわなかったか、等と自問するものです。

嫉妬と羨望

教師はときに、生徒同士の関係が続いていくことに嫉妬します。また生徒が、自分から引き継いだ教師に好意を持って懐いていくことに、嫉妬を抱くこともあるかもしれません。若者のもつ、今後の教育や仕事の機会に対して、特

（訳注2）イギリスでは、Oレベル（義務教育終了試験）やAレベル（大学入学資格試験）の結果は、年度末と年始の間の夏季休暇中に、それぞれの生徒宛に送付されることになっている。

に、自分が若かった頃に得られた以上の機会がある場合、羨望を抱く教師もいるでしょう。また特に教師が、自分に与えられた機会にはもう限界があると感じている場合には、発展や成功の可能性を目の前にして、世界へ羽ばたこうとする若者への羨望が起きることもあるでしょう。

関係性の喪失

ほとんどの教師は、自分の教えるクラス集団と共に、生徒一人ひとりにも愛着を抱くようになります。そのため教師の方も、関係の終焉を辛いものだと体験するかもしれないのです。私たちの講座の参加者は、私たちが別れを惜しみ、彼らの将来に関心を持ち、その後の生活についても興味があると伝えると、たいていは驚き、喜びます。また教師としては、それまでにクラス全体や、一人ひとりについて知り、授業を進める方法を見出してきたわけです。ですから、それをもう一度次の生徒と初めからやっていかねばならないということを、面倒だと感じるかもしれません。こうした問題に直面し、喪の作業（別れを悼む心の仕事）が行われないと、新しい生徒は、ただ前の生徒とは違い、教師が新たな気持ちになれていないために、怒りや抑うつ感の受け皿になってしまうかもしれないのです。こうした問題については、教職員や教育機関は、ほとんど考えないですし、実際その存在自体を認めることもありません。そのかわりに教師は、関係が終わりに近づいていることを否認し、生徒が欠席することを容認し、まるで試験が終わると学期も終わってしまったかのように振る舞うのです。そして関係が頓挫するままに、任せることになるのです。教師は、自分の悲しみとともに生徒の悲しみをも恐れるあまり、クラスをひとまとめにしておこうという努力をほとんどしないのです。痛みをともなう感情は、スポーツのような激しい活動、お別れ会での笑いや食事や飲み物にかき消され、文字通りどこかへ行ってしまうのです。

大切なものを保持すること

一時的なものにせよ、永久的なものであるにせよ、外的な関係が終結を迎えるとき、自分がその関係を忘れてしまうこと、忘れられてしまうこと、それまで価値を置いてきたことを失ってしまう恐怖が、非常に重要なことになります。こうした不安は、生徒にも教師にも、何かを達成したことの証を求めたり、何か具体的な形にしておきたいという気持ちを抱かせたりするものです。子どもたちは、自分が製作したものや知識が失われることを不安に感じ、学年末になると、描画や木工作品、彫刻と一緒に、教材まで家に持って帰り保管しようとします。生徒にとって、自分がある一定の基準に達したという証明書の類は、非常に大切なものだと思われます。そうした証書は、大切に包んで保管され、賞状は額に入れて飾られます。また学校の写真は、過去の関係を永遠に記念するものとなります。学年末には、教育機関の教職員は、外部者を展覧会や学校行事に招待し、一緒に鑑賞してもらえるように、授賞式にも参加してもらえるよう努めます。こうした経験は、組織に属するものすべてにとって、これまでの努力が無駄ではなかったのだと再認識させてくれます。「良い終結」は、生徒と教職員の両方にとって、誇りがもてる過去の思い出を残してくれます。卒業式に生徒の家族に出席してもらうのが、大切だと思われる理由がもうひとつあります。家族は卒業式に参列し、あるいはそれを目の当たりにすることで、一人ひとりの卒業生がその教育機関やそこでの人びととの思い出を心に留めておく助けができるのです。

こうした要因すべてが、一つひとつの思い出を支えるのに一役買うでしょう。しかし、これはあくまでも、過去の経験の価値を、内的に保存するための補助的な道具に過ぎません。もしそこで受けとったものに感謝し、指導者には怒りより愛で、恨みよりも感謝をもって思い出せるなら、その関係の中で得られた良いものを恒久的に保持できるでしょう。それは、過去は抹殺されず、喪失が否認されないということを意味します。そこには、悲しみや、それまであったものが、無くなったことを惜しむ気持ちが伴います。しかし心の中でそれを生かし続けようと努力できるのは、ありがたく感謝する気持ちがあればこそなのです。過去は決して無視したり、なかったことにしたりできるものではありません。自らの心の中で、過去を切り捨てようとすることはできます。しかしそれは、自分のルーツや自分の一部を、現在の自分自身から切り離すことです。そうすると私たちは不安定になり、将来の基礎となる内的資源がない状態に陥ってしまうしかなくなるのです。

それとは違って、外的に失われた関係を心のなかに保持できるならば、これまでに造り上げた内的土台を基礎にして、そこから新たな事柄を積み上げていくことができるのです。そして自分には、希望をもって将来に立ち向かえるだけの内的資源があると感じられるようになるのです。これは過去を否定したり壊したりせず、むしろ過去の良い感情とそこで得た希望を、新しい状況へと移し換えて、新しい関係に入っていけるようになるのです。どんな関係も、人生そのものも無限ではありえません。この事実は、いくら時間が限られていようとも、私たちに、目の前にある事柄にもっともっと感謝の気持ちを抱かせ、その大切さをもっとよく考えさせてくれます。受け取った事柄に対する認識や感謝の念は、他人の人生に役立ちたいという願いにつながるものでしょう。このようにして教師の仕事は引き継がれ、さらなる発展を遂げていくのでしょう。これが、償いと創造という作業の基礎であり、推進力となるのです。

読書案内

本書で論じられてきたさまざまな主題に関心を抱き，もっと理解を深めていきたいと考える読者に，以下に挙げる本を読むことから始められることをお勧めします。

BION, Wilfred R., *Experiences in Groups.* Tavistock Publications, 1961.

CASPARI, Irene, *Troublesome Children in Class.* Routledge & Kegan Paul, 1976.

GOODACRE, Elizabeth J., *School and Home.* National Foundation for Educational Research, 1970.

HARRIS, Martha, *Thinking about Infants and Young Children.* Clunie Press, 1975.

KLEIN, Melanie, *The Writings of Melanie Klein,* Vol. I: "Love, Guilt and Reparation" (1937); Vol. III: "Our Adult World and Its Roots in Infancy" (1959). Hogarth Press and the Institute of Psychoanalysis, 1975; reprinted Karnac Books, 1992.

MONEY-KYRLE, Roger E., *Man's Picture of His World.* Duckworth, 1961.

SALZBERGER-WITTENBERG, Isca, *Psycho-Analytic Insight and Relationships.* Routledge & Kegan Paul, 1970.（平井正三監訳：臨床現場に生かすクライン派精神分析——精神分析における洞察と関係性．岩崎学術出版社，2007.）

WINNICOTT, Donald W., *The Child, the Family and the Outside World.* Penguin, 1964.

解説1　日本の学校教育とカウンセリング——その問題と精神分析が貢献する領域

鈴木　誠

いつの時代も学校は、激しいインパクトに曝されている。このなかで教師と子どもは、教え学ぶという関係性を生きている。これは親や教育行政に携わる人にも無縁ではない。二つの方向からのインパクトがある。時代の変化による家族や社会からの要請。これが大きな外的インパクトになる。もうひとつは、子どもがもつ親イメージや成長する力、大人が子どもに求めるナルシスティックな期待。これが内的インパクトになる。それゆえ学校では、いつも多彩な問題が生じて子どもと大人を巻き込み、教育はいつもデリケートでホットな問題となるのである。

ひとつの問題をここに素描しておこう。

中学校のスクールカウンセラーは、ある日校長室に呼ばれた。校長のほか、教頭と養護教諭、教育相談担当の教師が座っている。校長が彼に依頼した。「一年のクラスが、私語と立ち歩きで授業やホームルームが成立しない。その首謀者の女子生徒たちのカウンセリングをしてほしい。教室でカウンセリングについて説明し、クラスの状態を見て助言がほしい。この学年は、小学校のころから何度か学級崩壊を繰り返してきた。そのため担任には力量のある女性教諭を配置したが、今では崩壊寸前だ。教育相談で例の生徒たちは、家庭的問題を匂わせている。あまりの騒がしさに、真面目な生徒が『学校が怖い、いじめられる』と不登校になった。その親からの抗議もあり、教育委員会や地元の政治家からも対応を求められている」。

途中から加わった生徒指導部長と運動部の顧問が口を挟んだ。「毅然たる態度で臨めば、良いはず」、「それがどいんです！」。

彼は学年主任に導かれ教室に向かう。休み時間のような喧騒が廊下まで響いている。喧騒に圧倒されながらも、ふたりは教室の後ろに立つ。ホームルームで担任が連絡事項を伝えながら、時折「座りなさい！」とか「静かに！」と叫んでいる。床に座り込む者、雑誌を広げ後ろや横の生徒と話す者、立ち歩く者。ほとんど全員が聞いていない。時折、生徒たちは二人を一瞥するが、意に介さず喋りつづけている。無視されているように感じた彼は、教室の前に移動し観察を続けた。みんなが喋っていて、『首謀者』が誰か分からない。甲高い担任の声は悲鳴のようになっていく。突然、静寂が訪れた。彼の携帯電話が鳴ったのである。水を打ったような静けさの中で、全員の視線が彼に集まる。しかし彼が謝罪して電源を落とすと、次の瞬間には喧騒のスイッチが入った。最後の連絡事項を伝える担任のかすれた声が、彼の出番が近いことを示している。彼は廊下に生徒指導部長と教頭の姿を見つけた。

こんな状態で話せるのか？　生徒を怒鳴りつけようか？　集中させるために、何か中心をつくらなくては…担任が彼を紹介しているが、生徒はまったく聞いていない。担任と交代に、彼がスチール製の教卓に立つ。生徒の反応如何では、教卓を蹴り上げてやろうか。しかしカウンセラーの言動としては乱暴すぎる…そう考えて生徒を見る。様子が一変している。みな静かに着席し、彼を見ているのだ。意表を突かれつつ、彼はごく平穏に話を終えて、担任に教卓を譲る。するとさらなる喧騒が蘇り、表情を失った担任が時間の終わりを告げた。彼は困惑していた。少数の首謀者が原因でないことは確かだが、なにが起きているのか分からなかったのである。

後日カウンセリングにきたのは、不登校の子どもの親だった。「首謀者」の生徒やその親に会うことはなかった。やがて来談した担任は、「首謀者」の不遇な家庭環境から親の協力は期待できず、彼女らと関わろうとしても無視され、どうしていいか分からないと力なく語った。そして教師としての自信を失い、辞職を考えていると告白した。

深刻さはさまざまだが、学校ではほぼ毎日「事件」が起きている。ここにあげた学級崩壊や不登校だけではない。子どもが突然、激昂し暴れ、ほかの子どもを傷つける。子ども同士の衝突、仲間グループの再編の流れから取り残されて、ひとりの子どもが孤立する。この子どもの感じ方によっては、この問題はしばしば「いじめ」事件となる。もちろん、悪質ないじめや暴力もある。低学力、非行、虐待されている子ども。親や地域から理不尽な苦情や注文も学校に持ち込まれる。また校外で、子どもが事件や事故に巻き込まれることもある。

学校には、さまざまな水準のカウンセリング体制がある。教育相談担当、生徒指導担当、養護教諭、スクールカウンセラーがその中心だが、日常的な担任や学年主任、クラブ顧問や管理職などの個別的な関わりも重要な役割を果たしている。

教育相談とは、子どもの悩みを把握し相談にのることである。担任が教室や日常場面で行うこともあれば、担当教諭が相談室で行うこともある。教育相談週間や子どもの求めに応じて行われているが、このカウンセリングが定期的な面接として構造化されていることは少ない。生徒指導は、悩めずに行動化する子どもを対象としている。反社会的行動や集団生活を脅かす行動に対して、指導と説諭による行動制限が主眼だが、最近では「聴く技術」も重要視されている。保健室は多種多様な子どもの居場所となっている。悩める子ども、悩めず行動化する子ども、悩みを身体化する子ども、孤立している子ども、保健室登校の子どもなど。養護教諭はこうした子どもと関わり支援している。スクールカウンセラーの大半は非常勤の臨床心理士で、子どもや親、教師により専門的なカウンセリングを提供している。こうした体制が有機的に機能し成果を挙げることもあるが、それでもかなり限定的なサポートと言える。さきの素描を見れば明らかである。これがいまの学校やスクールカウンセリングの大きな課題と言える。

カウンセリングを求めず、教師の関わりを拒絶する生徒や親、あるいは騒然とした学級、雑然とした保健室の子ども集団。こうした事態への援助として、カウンセリングはほとんど無力なのだ。しかもこの種の問題こそが、教師や親などの大人をひどく悩ませ疲弊させている。混乱に飲み込まれ、「訳が分からない」不安や憤り、「無力感」や「困惑」に圧倒されるのである。一般的に子どもと関わる大人は、子どもの問題について「きちんと理解すれば」、適切な関わり方ができると通常は考えている。しかしこの事態に遭遇した大人は、この体験を抱えることも消化することもできず、理解できなくなっているのである。この「分からなさ」を乗り越える方法が求められている。

「理解できない」子どもの問題について、本書では精神分析の観点と概念を導入して理解を試みている。問題を「いま、ここで」の関係性から生じた現象として見つめなおし、ごく日常的な言葉で表現された精神分析の概念をつかって理解していく。本書にはそのための見方と考え方が提供されている。この「情緒的体験から学ぶ」という方法が、「分からなさ」に圧倒されている大人に「考えるスペース」を作り出す。そして「考えるスペース」で、粘り強く「関心をもって理解しようとする」大人の思考が、より深い子どもの理解をもたらすのである。これはカウンセリングだけに役立つような特別な作業ではない。ごくごく普通の教師や親など大人が、子どもや子ども集団と関わるときにも役立つ日常的な行為になりうるのである。この共感（理解）の場は、子どもだけでなく、教師や親、カウンセラーなど大人にも広がっていく。つまり、いわゆる「心の教育」の中身を埋める営みがここに含まれているのである。

解説2　本書成立の背景――英国の実践現場より

鵜飼奈津子

本書は、学校現場で働く教師が、教室の内外で起こっている生徒との関係やその親との関係、また、教師間の関係について考えること、そして「学ぶ」ということに伴う情緒的側面について考えることを目的としてTavistock Clinicで開講されているコース、Aspects of Counselling in Educationの中から生まれたものです。著者らは、本書の執筆当時、このコースの指導者であったTavistock Clinicの思春期部門および児童家庭部門に属する、児童青年心理療法士（Child & Adolescent Psychotherapist）たちです。

本書全体を通して、学校現場に身を置く人なら誰もが経験したことのあるような事例が随所に見られると思います。私たちは皆、本書に登場する多くの教師のように、日々の忙しさに埋没し、「今、ここで起こっていることにはどのような意味があるのだろう?」などと丹念に考える機会のないままに、日々流れされてしまっているのではないでしょうか。本書が、そうした日常に「ちょっと待った」と一石を投じるきっかけになればと思っています。特に、現在、臨床心理士の多くが従事するスクールカウンセリングや大学の学生相談といった場面で、本書が活用されることを期待しつつ、この翻訳作業を進めてきました。

英国では、心理職の専門性は細分化されています。本書の第四部にも登場するように、小・中等学校に所属して主に学力の判定や行動観察を行うのは教育心理士（Educational Psychologist）です。また、地域や学校によっては、日本でいうスクールカウンセラーに相当するような学校カウンセラーが常駐しているところもあります。そして、心理療法や家族介入など、より専門的な援助が必要な子どもや家族には、臨床心理士（Clinical Psychologist：主に家族療法や認知行動療法、その他必要に応じて心理検査を行う）や、心理療法士（Psychotherapist：精神分析的心理療法の訓練を受けた者）が地域のクリニック等で対応することになります。また、最近では、こうしたクリニックに所属する、より高度な専門性を持つ心理療法士やその訓練生が、学校現場に出向いて教師に対するコンサルテーションや、個々の子どもの心理療法やグループ療法に携わる、といった新しい流れも見られるようになっています。

現在の英国社会には、教師にとっては家庭崩壊や学級崩壊など目の前に起こる問題の対応に追われる現実があり、精神保健サービスの現場にはEvidence Basedでより即効性のある治療が求められるという流れがあります。より長期的な視野に立ち、時間をかけて事象の細部を見つめようとする精神分析的知見に基づく実践は、こういった社会の流れの中でこそ、逆に新鮮に受け止められ、そこに価値を見出す人々が増えているのだと思われます。Tavistock Clinicには、本書の元になった教師のためのコースのほかにも、ソーシャルワーカーや施設の職員、一般家庭医、看護師や保健師など、子どもやその家族に第一線で直接かかわる専門家を対象とするコースが数多くありますが、これはそうしたニードを背景にしたものだといえるでしょう。

多職種協働は、日本でも最近よく耳にする言葉ですが、英国における精神保健サービスにおいても多職種チーム（multi-disciplinary team）が基本になって構成されています。そこでは、それぞれの専門家がそれぞれの専門分野における知識と経験を十分に発揮しながら、他職種の専門性を尊重しつつ、互いに個々にかかわるケースに対する理解を深めていく作業が日々積み重ねられています。そういった意味からも、Tavistock Clinicにおける、こうしたさまざまな専門家を対象とするコースは、精神分析的知見を個々の専門性に反映させていくことで、そこに広がりと深みを与えるものになることが期待されているものだといえるでしょう。そしてそれは同時に、多職種協働というまさに現代的な流れに即しつつ、精神分析的知見が現代の英国社会に貢献できることのひとつだといえるのかもしれません。

あとがき

本書の翻訳出版は、一九九九年から二〇〇〇年に私が主宰していた研究会で本書を講読したことに端を発します。その研究会では、教育現場での心理臨床に精神分析的視点を生かすことを目指しており、本書はそのために必要な考えの宝庫のように思われました。本書の翻訳作業はその時のメンバーである、弥源治弘子（第一章、第四章）、根本真弓（第二章、第五章、第九章）、寺井さち子（第三章、第六章、第九章、第十章）、西村富士子（第三章、第七章、第十章）角谷陽子（第四章、第八章）による訳稿を、スクールカウンセラーの経験豊かな鈴木誠が、本邦の教育現場での臨床感覚をもとにして、また当時ロンドンにて子どもの精神分析的心理療法の実践活動をした鵜飼奈津子が、英国の教育現場や心理臨床の現場の理解に基づいて、それぞれ修正を加えたものを、最終的に、私が全体を読みやすい文章になるようにチェックしました。

本書成立の背景については、鵜飼による解説を参照していただきたいのですが、子どもと関わる大人たちが、一人一人の子どもの心を大切にし、一人一人の子どものことを深く理解し、子どもとの情緒的なかかわりを持ちつつ、思慮深くあるというのが本書の基底に流れるものであり、精神分析の考えの核心であると言えます。このようなアプローチは、鈴木が示唆しているように、現代の本邦の教育現場においても大変重要なものであると私は考えます。

訳文作成にあたっては、三重県立松阪工業高校の太田静男氏および相談室の平田朋美氏に手伝っていただきました。さらに、京都府立医大の南里裕美氏には校正ゲラに目を通していただき多くの有用な示唆をしていただきました。また岩崎学術出版社の長谷川純氏には、誤訳の修正も含めて、翻訳作業全体を支えていただきました。本書の出版は、以上の方々に多くを負っていることを、ここに感謝を込めて記しておきたいと思います。

本書が、教員やスクールカウンセラーをはじめ、教育現場で子どもと格闘する多くの大人たちに真に役立つことを願っています。

平井正三

監訳者略歴

平井正三（ひらい　しょうぞう）

1992年　京都大学教育学部博士課程満期退学

1997年　英国タビストック·クリニック児童·青年心理療法コース修了

帰国後，佛教大学臨床心理学研究センター嘱託臨床心理士，京都光華女子大学助教授などを経て，現在，御池心理療法センター（http://www.oike-center.jp）にて開業の傍ら，NPO法人子どもの心理療法支援会（http://www.sacp.jp）の理事長を務める。

著　書『子どもの精神分析的心理療法の経験』（金剛出版）

訳　書〔共訳〕

アンダーソン編『クラインとビオンの臨床講義』（岩崎学術出版社）

ヒンシェルウッド著『クリニカル·クライン』（誠信書房）

ビオン著『精神分析の方法Ⅱ』（法政大学出版局）

アルヴァレズ著『こころの再生を求めて』（岩崎学術出版社）

メルツァー著『夢生活』（金剛出版）

〔監訳〕

ブロンスタイン編『現代クライン派入門』（岩崎学術出版社）

タスティン著『自閉症と小児精神病』（創元社）

ボストンとスザー編『被虐待児の精神分析的心理療法』（金剛出版）

ウィッテンバーグ著『臨床現場に生かすクライン派精神分析』（岩崎学術出版社）

ヨーエル著『学校現場に生かす精神分析 実践編』（岩崎学術出版社）

鈴木　誠（すずき　まこと）

1960年　三重県生まれ

1984年　東海大学文学部卒。

1988年　名古屋大学医学部精神医学教室　卒後研修修了

専　攻　臨床心理学　精神分析

現　職　くわな心理相談室　主宰

著　書『惨事ストレスへのケア』（ブレーン出版　分担執筆）

訳　書　ヨーエル著『学校現場に生かす精神分析 実践編』（岩崎学術出版社）

鵜飼奈津子（うかい　なつこ）

1989年　神戸女学院大学家政学部児童学科卒業

1992年　京都女子大学大学院家政学研究科児童学専攻修士過程修了

1997年　タビストック・クリニック児童・家庭部門留学

2004年　タビストック・クリニック児童・青年心理療法コース修了

Parkside Clinic，ロンドン医療センター，Refugee Therapy Centre 勤務を経て2008年帰国。現在，大阪経済大学人間科学部准教授。

著　書『子どもの精神分析的心理療法の基本』（誠信書房）

訳　書〔共訳〕

アルヴァレズとリード編『自閉症とパーソナリティ』（創元社）

〔監訳〕

ボストンとスザー編『被虐待児の精神分析的心理療法』（金剛出版）

学校現場に生かす精神分析
—学ぶことと教えることの情緒的体験—
ISBN978-4-7533-0810-1

監訳者
平井　正三
鈴木　　誠
鵜飼奈津子

2008 年 10 月 7 日　第 1 刷発行
2024 年 6 月 30 日　第 4 刷発行

印刷　広研印刷(株)　／　製本　(株)若林製本工場

発行所　(株) 岩崎学術出版社　〒101-0062　東京都千代田区神田駿河台 3-6-1
発行者　杉田　啓三
電話 03(5577)6817　FAX 03(5577)6837